──────── 아유르베다 이론에 근거한 ────────
최정순의 산림치유 지도 매뉴얼

최정순의 산림치유 지도 매뉴얼

최정순 지음

산림치유는 마음 치유를 목표로 하므로
숲에서 마음 치유의 요소를 찾고 해석할 수 있는 철학,
특히 생명철학을 바탕에 두고 진행하는 것이 필수적입니다.

황소걸음
Slow & Steady

머
리
말

　　　　　　한 해 동안 두문불출 다른 일 없이 오로지 공부와 나
의 숲을 정리하는 데 집중하면서 참으로 행복했습니다. 내 인생에 이
런 시간이 준비돼 있었다는 사실이 고맙기만 했습니다. 그러나 이 행
복한 시간은 내가 만든 게 아니라 절로 굴러 들어온 것이었습니다.

　"오늘 건강하고 내일 먹을 게 있으면 부자"라는 법정 스님의 말씀
에 기대 20년 전, 나는 다니던 직장을 대책 없이 그만뒀습니다. 그때
남들 다 타고 달리는 버스에서 내린 듯 씩씩한 내가 기특했습니다.
'이제부터 천천히 걷고 천천히 생각하면서 내 시간을 사는 거야.' 마
치 행복의 길로 들어선 듯했습니다.

　다니던 직장과 하는 일에 보람이 없지 않았으면서도 과감히 그만
두게 만든 건 숲이었습니다. 숲에 들어서면 왜 가슴이 뛰는지 알고
싶었습니다. 그 속에 뛰어들어 나무와 풀에 대해, 그들에 기대 사는
온갖 생명에 대해 공부하고 싶었습니다. 그들을 닮고 싶은 마음이 컸

습니다. 그 생활은 내가 기대한 것보다 나를 훨씬 많이 행복하게 해줬습니다.

그러던 중 이 행복을 내가 만나는 사람들도 함께 느꼈으면 좋겠다는 바람이 생겼습니다. 이제 숲의 앎에 사람의 앎을 보태야겠다는 생각이 들었고, 산림치유 지도사 공부를 하게 됐습니다. 그런데 산림치유는 나를 갈고닦을 자리가 숲해설만큼 많지 않아, 사람들의 마음에 가까이 갈 수 있는 경험을 쌓기 어려웠습니다. 사람들에게 다가가려면 지자체가 운영하는 곳으로 들어가 직을 가져야 했습니다. 그런 이유로 5년을 지자체에서 활동하다가, 본의 아니게 지난해는 집에서 쉬었습니다.

그런데 본의 아니던 그 결과가 오늘의 다행과 만났습니다. 잘못 탄 버스가 내 꿈이 있는 곳으로 데려다준다고 했나요? 내가 딱 그 짝이었습니다. 내 뜻 아니게 결정된 상황에서 나를 발견하고 다시 행복의 길로 들어선 듯하니까요. '달리는 버스에서 내린 게 아니라 갈아탔구나…' 나는 처음의 행복한 마음을 찾은 것입니다. 스스로 정신을 차리지 못하니 하늘이 나를 끌어내린 셈이지요. 야호! 하늘은 역시 내 편, 나는 재수가 좋은 사람입니다.

앞으로도 내내 나의 행복이 될 지난해의 행복은 그렇게 만들어졌습니다.

이렇게 적었습니다

내가 알고 느끼는 아유르베다를 지난 20여 년 숲에 대한 감상과 경험, 배움에 맞춰 풀고자 했습니다. 주로 활동한 숲을 떠올리면서 구간마다 느낌이나 감동을 활동 순서에 맞춰 적어 내려갔습니다. 활동이 섣부른 감상이 되지 않도록 이론적 근거를 제시하고, 감성과 영성을 어떻게 채울지 돌아봤습니다. 각 단계에서 가능한 활동을 여럿 붙이기도 했습니다.

매뉴얼 형태로 만들다 보니 표로 정리한 것이 많은데, 좀 딱딱해 보여도 현장에서 활동할 때 도움이 되리라 판단했습니다. 이 매뉴얼을 각각의 상황과 자연환경에 맞춰 진행한다면 더 발전된 활동으로 이어질 것입니다.

산림치유는 숲에 들어가서 오감 체험으로 자연에 몰두하고 교감하고, 이를 통해 자신을 돌아보고 성찰하며 삶의 질을 개선해 자아실현과 전인 치유를 의도하는 과정이라 생각합니다. 이는 아유르베다 이론을 근거로 산림치유 과정을 분석한 것과 별다르지 않습니다. 그러나 치유 과정이나 치유 현상에서 아유르베다의 설명이 조금 더 실제적이고 구체적입니다. 아유르베다가 마음에 많은 비중을 둔다는 점도 다릅니다.

산림치유 현장에서 진행하는 부분은 오른쪽 표와 같이 적어 내려갔습니다. 이는 대상에 따라 내용이 달라지기는 하지만, 제가 진행하는 산림치유에서 기본 과정이기도 합니다.

전체 구성			
구분	주활동	주제	이론적 근거
들어가기	심호흡, 스트레칭	만남, 숲 느끼기, 내 몸 느끼기	아유르베다 (철학·지각 이론) 인체생리학 산림치유학 정신신경면역학 기타 철학·인문학
펼치기 1	자연 바라보기	그 속에서 나 찾기	
펼치기 2	웃고 놀기	자연과 하나 되기	
펼치기 3	걷고 사랑하고 춤추기	나 바라보기	
펼치기 4	휴식	나 만나기 1	
펼치기 5	명상	나 만나기 2	
접기	차 마시기와 나누기	나와 세상, 사랑과 감사의 삶	

차
례

들어가기 | 만남 ― 마음 치유를 위한 준비 활동

펼치기 3

걷고 사랑하고 춤추기 — 나 바라보기

접기 | **차 마시기와 나누기** ― 나와 세상, 사랑과 감사의 삶

산림치유와
아유르베다

산림치유의 등장 배경

2005년 3월에 법률적 근거가 마련되고, 2011년 본격적으로 시행된 산림치유 사업이 등장한 배경은 다음과 같습니다. 첫째, 산림치유는 초고령 사회에 대비하고, 고령자를 위한 운동과 산책, 휴양 등 준비의 일환으로 등장했습니다. 우리나라는 2000년 고령화사회, 2018년 고령 사회에 진입했습니다. 2026년에는 초고령 사회로 진입할 것이 예상됩니다. 우리나라가 고령화사회에서 초고령 사회에 도달한 시간은 26년으로 일본(36년)이나 프랑스(154년), 독일(77년), 이탈리아(79년), 미국(94년)보다 월등히 빠릅니다.

둘째, 건강에 대한 국민의 권리와 요구가 증가한 것도 산림치유가 등장한 배경입니다. 우리나라는 고령 사회와 국민소득 2만 달러 시대에 진입하면서 2010년 이후 경제협력개발기구OECD 회원국 중 가장 높은 의료비 증가율을 보입니다.

셋째, 컴퓨터 보급을 비롯해 급속도로 발전하는 생활양식도 산림치유가 등장한 배경입니다. 현대에 인간은 야생의 숲과 초원에서 살아온 뇌와 자연환경에 맞춰 진화된 생리 기능으로 살며, 산업화에 따른 공해와 환경오염, 소음 등 환경적 스트레스에 속수무책 방치됩니다. 이런 현실은 직무 스트레스, 아토피와 천식 같은 알레르기질환이나 각종 환경 질환이 증가하는 원인이며, 산림치유가 한 가지 대안으로 등장했습니다.

넷째, 산림치유의 또 다른 등장 배경은 산림의 건강에 대한 효용성입니다. 산림치유에 대한 과학적·의학적 연구와 각종 실험 연구를 통해 산림의 효용성이 밝혀지고 있습니다. 2010년부터 2021년 4월까지 산림의 치유 효과에 대한 연구 논문 47편을 분석한 결과, 산림치유의 효과와 만족도가 큰 것으로 보고됩니다.

산림치유의 환경요소

한국산림복지진흥원은 산림치유의 여섯 가지 환경요소를 제시했습니다. 첫째, 경관입니다. 산림 경관을 이루는 녹색은 눈의 피로를 풀어주고 마음의 안정을 가져옵니다. 계절에 따라 변하는 산림 경관은 인간의 주의력을 자연스럽게 집중하고 피로감을 덜어주고요. 쾌적하고 아름다운 산림 경관이 기분 좋은 감정을 불러일으켜 감동을 주고, 정서 순화와 기분 전환 효과가 있으며, 숲의 정신적 특성을 수용해 생명의 가치와 자아를 발견하고 영적으로 성장하는 기회가 생깁니다.

둘째, 피톤치드입니다. 1937년 러시아의 보리스 페트로비치 토킨 Boris Petrovich Tokin 박사가 발견한 피톤치드는 phyton(식물)과 cide(죽이다)를 합성한 말로, 식물이 해충이나 곰팡이, 병원균 등에 저항하기 위해 분비하는 휘발성 생리 활성 물질이죠. 식물뿐만 아니라 인체에도 반응해 항균·항산화·항염 작용을 하고, 혈압을 낮추고 맥박을 정상화하며, 후각을 자극해 마음의 안정과 쾌적감을 가져오고, 스트레스를 완화합니다.

셋째, 햇빛입니다. 햇빛은 세로토닌 분비를 촉진해 우울증을 예방하고, 비타민 D를 합성해 뼈를 튼튼하게 하며, 백혈구를 늘려 면역력을 높입니다. 그렇다고 햇빛이 무조건 좋은 건 아닙니다. 강한 햇빛은 눈에 피로감을 주고 자외선이 피해를 초래하는데, 숲은 자연스럽게 자외선을 차단하고 조절하면서 이런 피해를 예방해 실제적인 치유를 제공합니다.

넷째, 소리입니다. 백색소음white noise으로 대표되는 숲의 소리는 일상의 소리와 달리 음역이 비교적 넓습니다. 단순하면서도 부드럽고 조화를 이뤄 집중력을 향상하고, 마음을 편안하게 합니다. 같은 바람 소리라도 산들바람 소리는 정신을 맑고 편안하게 하며, 거센 바람소리는 스트레스를 날려 보내는 효과가 있습니다.

다섯째, 음이온입니다. 공기 중에는 양이온과 음이온이 눈에 보이지 않는 미립자 형태로 떠다니죠. 양이온은 오염 물질이 많은 도시에 다량 존재하고, 음이온은 옹달샘이나 약수터, 폭포, 계곡 등 수원과 식물의 광합성 과정을 통해 발생하기 때문에 숲 같은 자연환경에 다량 존재합니다. 공기 1cm²당 적정 음이온의 수는 700개 정도인데 숲에는 1000~2000개, 도회지 실외에는 80~150개 있는 것으로 확인됩니다. 음이온은 현대의 생활 전반에 걸쳐 산성화된 인체를 중화해서 알파파 증가, 부교감신경 자극을 통한 심신 이완, 불면증 해소, 세포 기능의 강화에 따른 피부 미용 등에 효과가 있습니다.

여섯째, 산소입니다. 숲은 산소가 도시보다 1~2% 많습니다. 숲의 공기가 신선하게 느껴지는 까닭은 나뭇잎과 가지의 먼지 흡착에 따른 정화 능력과 관계가 있습니다. 그러나 숲의 산소 비율은 대부분 식물의 광합성에 따른 산소 분출과 관련 있기에, 숲의 면적이나 수목의 크기와 밀도에 따라 그 양이 달라집니다. 산소는 사람을 비롯한 동물의 세포호흡에 필요하며, 인체의 신진대사와 뇌의 활성화에 도움을 줍니다.

산림치유와 숲해설

숲해설에서는 기대하거나 의도하지 않았는데 치유 성과를 얻는 경우가 흔합니다. 이는 기대하지 않았기에 더 쉽게 얻는 성과일 겁니다. 반면에 산림치유에서는 치유 받았다는 만족감을 얻지 못하고 돌아가는 경우가 종종 있습니다. 이때 진행자와 참가자 모두 실망하거나 스트레스를 받죠. 진행자는 치유를 의도했으나 이루지 못했고, 참가자는 치유를 기대했으나 얻지 못했기 때문입니다. 산림치유 프로그램에 참가하는 사람은 마음의 치유를 기대한다는 점에서 실망이 더 클 수 있습니다.

숲해설이나 산림치유나 활동의 원천이 숲이라는 사실은 같습니다. 숲해설은 숲이라는 자연을 설명하는 것을 주 내용으로 하는 프로그램이며, 참가자도 휴식이나 치유를 기대한다기보다 호기심이나 의미 있는 산책 정도의 체험으로 생각합니다. 반면에 산림치유는 숲의 현상이나 앎에서 심신 치유의 소재를 찾아야 하는 프로그램으로, 대다수 참가자는 마음의 치유나 휴식, 위로를 기대합니다. 숲해설에는 철학이 부재해도 프로그램의 성과에 큰 영향을 미치지 않지만, 산림치유는 마음 치유를 제공해야 하므로 숲에서 마음 치유의 요소를 찾고 해석할 수 있는 철학, 특히 생명철학을 바탕에 두고 진행하는 것이 필수적입니다. 숲에서 마음 치유의 요소를 찾고 제공하는 것은 마음이 몸과 영혼을 잇는 다리고, 마음의 치유를 거쳐 몸과 영혼의 치유를 이룰 수 있기 때문입니다.

몇몇 사례를 통해 볼 때, 대상자가 치유되지 못한 산림치유는 대부분 숲해설로만 구성했거나 명상이나 운동, 레크리에이션으로 구성한 경우 나타나는 결과로 보입니다. 중요한 것은 철학입니다. 인간의 치유에 반드시 전제돼야 할 철학이 부재한 상태에서 프로그램을 진행했기 때문에 나타나는 결과가 아닐까 싶습니다.

마음을 건드리지 않고 치유에 이를 방법은 없습니다. 생명철학이 배제된 산림치유는 말뿐인 치유입니다. 생명철학을 바탕으로 숲의 내면과 생명의 마음을 들여다봐야 합니다. 이는 산림치유 지도사에게 숲 생명에 대한 지식과 이를 통해 얻은 지혜가 필요한 이유입니다. 사랑이 치유의 본질이라는 점에서 숲 생명에 대한 앎은 필수적입니다. 아는 만큼 보이고, 보이는 만큼 느끼고 사랑하고 깊어지기 때문입니다.

그러나 그 앎이 산림치유의 전체가 된다면, 산림치유는 숲해설과 다르지 않습니다. 우리는 숲이라는 자연과 생명 속에서 몸의 안녕을 이루고, 그 속의 뜻과 가르침을 통해 숲의 내면으로 들어갈 때 마음의 치유에 다가가고, 산림치유는 전인 치유라는 목표에 다가갈 수 있습니다.

아유르베다와 감각 그리고 인간의 마음

아유르ayur는 '삶' '생활', 베다veda는 '앎'을 뜻하는 산스크리트어입니다. 아유르베다는 '생명과학' '생활 과학'을 뜻하며, 우주와 인간을 연관해서 고찰하는 인도의 전승 의학입니다. 인도에서는 지금도 5년제 대학에서 교육과 연구를 하고 졸업하면 의료인으로 종사합니다. 최근에는 서양에서 대체 의학으로 많은 관심을 받고 있습니다.

대체로 인간은 몸과 마음, 영혼으로 이뤄진다고 말합니다. 아유르베다는 여기에 감각을 보태고, 특히 마음과 감각을 중시합니다. 마음이 인간의 몸과 영혼을 이어주고, 감각이 세상의 물질과 인간의 마음을 잇는 다리라고 여기기 때문입니다. 감각이 마음을 만들기도 하고, 마음이 감각을 선택하기도 하는 상호작용의 결과 둘이 하나로 이어지기에 이들을 중요시합니다.

세상을 구성하는 다섯 감각 대상(성聲·촉觸·색色·미味·향香)을 오감(청각·촉각·시각·미각·후각)이 받아들이고, 마음은 세상의 감각을 선택하기도 하고, 그렇게 우리 몸으로 들어온 감각의 경험을 해석하기도 합니다. 그것이 아름답고 잔잔한 기억으로 저장될 때 마음과 영혼의 치유가 되고, 부정적이거나 아프고 쓸쓸한 기억일 때 심신의 질병으로 나타납니다. 아유르베다는 감각이나 감각 물질이 왜 중요하고, 현상에 대한 몸과 마음의 변화가 어떻게 치유로 작용하는지 구체적·단계적으로 설명합니다. 그에 따라 어떻게 해야 치유가 되고, 어떻게 해야 질병을 예방할 수 있는지 설명하게 합니다.

요가는 몸의 수련을 통해 마음을 다스리는 방편이며, 그 자체로 길〔道〕의 의미가 있습니다. 살아 있을 때의 건강을 주로 추구해온 아유르베다에서 요가는 몸 수련의 방법으로 발달해왔습니다. 이런 점에서 아유르베다와 요가는 자매 학문이라고 할 수 있습니다. 전통적으로 탄트라는 머리, 요가는 몸통, 아유르베다는 팔다리의, 무엇 하나빠질 수 없는 삼위일체로 해석하는 것이 일반적입니다.

수련은 오감 물질로 표현되는 세상이 어떻게 어떤 모습으로 나에게 들어왔는지, 내 마음이 오감 물질에 어떤 반응을 하는지 순간순간들여다보고〔觀〕, 내 몸이 그것을 아름다운 모습으로 기억할 수 있도록 수정하고 가꿔가는 과정입니다. 그 과정이 모여 치유가 되고, 치유과정의 훈련을 통해 전인 치유가 가능합니다. 마음으로 들어온 감각적 경험은 단지 흔적이나 상처를 남기는 게 아닙니다. 마음의 힘으로 잘 소화된 감각적 경험은 우리 가슴에 아름다운 기억으로 남아, 삶에서 평화롭고 명료하게 치유로 작용합니다.

숲, 왜 아유르베다인가?

대학원과 박사 논문을 합쳐 아유르베다 공부를 한 지 7년 남짓 됐습니다. 아유르베다를 말하기에는 비교적 부족한 시간이죠. 아유르베다가 원자나 원소라는 주제를 통해 인간 존재의 본질에 다가가고,

현대 서양의 과학과 만나는 게 놀라웠습니다. 동양과 서양이, 과거와 미래가, 정신과 몸이 만나면서 모두 내 의문과 존재의 답을 향하는 게 놀라웠습니다. 아유르베다의 생명 경외 철학이 숲을 대하는 철학으로 마땅해 보였습니다. 아유르베다의 지각 이론이 감각과 마음을 거쳐 영혼의 치유로 나아가는 과정이 놀라웠습니다. 내 의문이나 감상이 검증받은 듯하면서 이제 진짜 숲 공부, 진짜 생명 공부, 진짜 마음 공부를 할 수 있을 것 같았습니다.

요즘 사람들이 마주하는 성·촉·색·미·향이라는 오감 환경은 예전보다 자연이 아닌 게 많습니다. 귀에 거슬리는 소리, 접촉을 피할 수 없는 해로운 물질, 심신의 건강에 좋지 않은 빛, 해로운 물질이 든 음식, 몸에 해로운 공기나 냄새 같은 환경이 우리 몸에 스트레스와 질병을 가져오는 것은 익히 아는 사실입니다.

아유르베다의 배움, 특히 감각과 마음의 배움을 통해 내가 왜 숲 앞에서 가슴이 뛰었는지 알 것 같았습니다. 너무 오랫동안 숲에서 멀리 있었던 겁니다. 혼란의 틈바구니에서 몸과 마음이 아프고, 치유의 품과 영혼의 쉼터가 그리웠던 겁니다. 숲으로 들어간 순간 혼란의 틈에서 벗어난 듯 큰 숨을 쉬고, 그제야 고향을 찾은 듯 엄마를 찾은 듯 마음이 편안해진 걸 보면 몸은 다 알고 있었나 봅니다.

아유르베다는 생명 경외 철학을 바탕으로 발전한 인류의 가장 오래된 전통 치료법입니다. 신체적·심리적·정신적·영적 성장을 위한 아유르베다의 방법은 실로 오랫동안 축적됐습니다. 아유르베다 치유의 근원지가 숲이라는 사실은 아유르베다의 치유 시스템과 산림 치유 시스템이 유사한 까닭입니다. 산림치유 현장에서 아유르베다

이론을 적용하기 쉬운 이유입니다.

아유르베다는 자연과 영성 그리고 도를 추구한다는 점에서 영적입니다. 다른 종교나 철학과 같이 아유르베다도 아이를 잃어버린 어른이 내 안의 아이를 찾는 방편, '나는 누구인가' '어떻게 살아야 하나'와 같은 구도의 측면이 있습니다. 아유르베다는 인간의 영적 치유를 포괄하고, 산림치유의 목표인 전인 치유와도 부합한다는 점에서 산림치유에 마땅한 철학이라는 생각을 합니다.

자연으로 대표되는 숲은 감각을 다스리고, 마음의 소화력을 키우기 위한 대체 불가 장소입니다. 감각 물질이 감각을 통해 마음을 움직이고 영혼의 치유에 이르게 한다는 점에서, 숲에서 하는 감각적 경험이 우리 삶에 아름다운 기억의 형태로 오랫동안 치유로 남을 것은 당연한 일입니다. 이것이 자연 치유 혹은 산림치유가 중요한 까닭이고, 산림에서 활동하는 사람이 사명감을 가져야 할 이유입니다.

▶
▶

만남 ─ 마음치유를위한준비활동

마음 치유를 위해 준비하는 단계입니다. 인사하고 산림치유
와 프로그램 순서를 안내한 다음, 심호흡과 숲 명상 등 호흡
활동, 스트레칭 같은 몸풀기 활동을 합니다.

숲에서 만남 그 소중함에 대하여

1

잎새 하나마다 천사가 있어 자라라 잘 자라라 속삭입니다.

작가를 알 수 없는 인도의 오래된 시 전문입니다. 나무에 붙은 10만 개가 넘는 이파리 하나마다 천사가 있다니… 이 시로 내 숲이, 내 나무들이 얼마나 더 행복하게 보이던지요. 바라보는 나무마다 시가 보태지니 살랑살랑 흔들리는 나뭇잎이 마치 천사의 속삭임 같았습니다. 그때부터 나무를 바라보며 손을 흔드는 습관이 생기기도 했습니다.

시는 거기에서 그치지 않았습니다. 혹시 내 몸 또한 세포마다 세포를 보살피는 수호천사가 있는 건 아닐까, 하는 의문이 생겼습니다. 내 생각이 맞았습니다. 정신신경면역학의 설명에 따르면, 마음이란 게 호르몬에 따라 이랬다저랬다 바뀌니 어쩌면 호르몬이 마음일 거라고 합니다. 천사가 호르몬의 얼굴을 하고 세포마다 돌아다니니 내 세포 하나마다 천사가 있는 거라는 말도 맞지 않을까요? 내 세포와 나무 이파리가 같고 나무와 내가 다르지 않으니 '세계와 나는 같다(loka⁼puruṣa samya)'는 사실을 숲에서 확인한 듯하고, 그 시로 나

무를 바라보는 내 행복이 더 커졌습니다. 나무와 세상을 바라보는 내 마음이 마치 나를 바라보는 마음처럼 느껴졌습니다.

렙톤장leptonosphere 개념에 따르면, 우리 생각이나 감정은 미세 파동으로 움직이면서 가벼운 입자 형태로 공기 중에 부유한다고 합니다. 플라톤이 에이도스eidos라고 명명한 이것은 사랑과 자비, 친절과 진실, 아름다움과 조화 같은 고귀한 에이도스일 때 우리 아이들이 건강하게 숨 쉬고 자랄 수 있는 공기 장field으로 공헌하고, 악이나 시기심, 겁냄과 공허함, 거만함 같은 상처 받은 에이도스일 때 우리의 공기 장을 오염한다고 합니다.

현대 물리학자는 이를 "존재가 있으면 그 주변은 장으로 충만해지고, 존재가 진동하면 주변에 장의 파동이 만들어진다. 존재의 떨림은 이렇게 우주 구석구석까지 빛의 속도로 전달되면서 우리는 우주와 연결된다. 우리는 울림과 떨림의 속삭임을 주고받으면서 이 우주에 존재한다"라고 멋지게 설명합니다. 내가 쉬는 숨 하나마다 세상 모두에게 행복해라 행복해라 속삭이는 것이 우리가 할 일이라는 말입니다. 그 시로 가슴이 두근거린 걸 보면 내게는 그 시가 천사고, 천사의 속삭임입니다.

성·촉·색·미·향 다섯 감각 물질이 커다란 덩어리 형태로 존재하는 숲에서 따뜻한 생각과 숲에 대한 감동을 곁들인 선한 에이도스와 함께 하는 산림치유 활동이 우리의 숨 마당을 따뜻하게 데우고, 숲을 찾은 이들의 위로와 치유로 나타나는 건 어쩌면 당연한 결과일지 모르겠습니다. 숲을 찾은 모든 이가 숲으로 위로받고, 숲에서 자신의 상처를 다스릴 힘을 찾기 바랍니다.

숲 바라보기

2

멀리서 숲을 바라보면 그 모습이 참 가지런합니다. 마치 숙련된 이발사가 잘 깎은 사내아이의 머리 같습니다. 잎이 모두 떨어진 무채색 겨울 숲은 더 그렇지요.

숲이 고만고만하고 가지런한 데는 이유가 있습니다. '고만고만하고 가지런한' 것이 바로 하늘의 뜻이지요. 하늘이 없애는 나무가 있답니다. 너무 큰 나무, 오래 묵은 나무, 나이답지 않게 일찍이 썩은 나무. 이 세 가지가 하늘이 없애고자 하는 나무랍니다. 하늘이 이런 나무에 혼쭐 벼락을 치시니 멀리 바라보는 숲이 고만고만하고 가지런할 수밖에요.

사람 사는 세상도 이와 다르지 않을 겁니다. 중뿔나게 혼자 큰 사람, 한자리를 너무 오래 차고앉은 사람, 나이답지 않게 일찍이 속이 썩어버린 사람을 주변 사람들이 좋아할 리 없습니다. 그렇다고 하늘과 같이 무섭게 벼락을 내리치진 않겠지만, 결국 그런 이들은 사람들에게서 자연스럽게 멀어질 겁니다. 민심이 천심이라는 말이 바로 이런 경우를 뜻하는 모양입니다.

나무의 거리를 그리움의 거리라고 하던가요? 적당한 거리가 햇빛을 받고 영양분을 흡수하는 데 적당하기에, 수목생리학적으로 만들어진 거리가 나무의 거리입니다. 가로수 풍경에서 볼 수 있듯, 수종이 같은 큰 나무가 모인 곳에서 고개를 들면 하늘 길이 보입니다. 하늘 길만 있는 게 아니라 사이사이 바람길도 있습니다. 나무는 옆으로도 서로 닿지 않지요. 나무는 서로 상처 주지 않고 보호받을 수 있는, 바라볼 수 있는 거리가 서로를 지키고 사랑을 자라게 한다는 걸 보여줍니다.

나무는 여러 나무뿐만 아니라 같은 종류 나무에서도 고만고만하고 가지런한 모습을 만듭니다. 이 또한 원리는 같습니다. 나무가 이런 형태를 만든 데는 생리적인 원인이 있습니다. 보이지 않는 땅속에서 손잡고 있기 때문입니다. 어두운 땅속에서 손잡고 있다니, 그 감동이 잎새 하나마다 있는 천사만큼 큽니다. 뿌리의 근균 그물망으로 손잡고 친구가 나보다 적게 가진 것을 서로 채워준답니다. 근균을 통해 멀리 있는 친구에게 보내기 때문에 모두 키를 맞출 수 있습니다. 키를 맞춰야 내가 벼락을 맞지 않을 테니 따지고 보면 나를 위한 일이고, 결국 우리 모두를 위한 일입니다. 나무는 남아서 주는 게 아니라 애초에 똑같이 나누는 게 모두 잘 사는 길임을 보여줍니다.

근균의 이런 공공복지 형태가 공생생물학의 발전에 지장을 줬다는 사실은 참 아이러니합니다. 사람들이 나눔을 배우려 하지 않는 걸 보면 나무보다 머리가 나쁜 게 아닐까 하는 생각이 듭니다.

같은 종류에서도
키를 조절하는 나무

같은 종류 여러 나무 사이에서
만들어지는 하늘 길

호흡과 호흡 명상

3

만나서 인사를 마치면 이제 본격적으로 치유 프로그램에 들어갑니다. 고요한 숲에서 심호흡과 함께 하는 명상은 자연스럽게 숲과 나, 호흡과 살아 있음에 대해 생각하는 시간이 됩니다.

사람들은 대부분 숲에 들어서면 그동안 숨을 쉬지 않고 살아온 듯 "아~ 좋다" 하며 깊은숨을 쉽니다. 누가 시키지 않아도 말입니다. 그 모습을 보면 우리가 얼마나 숲의 공기를 그리워했는지, 얼마나 숲에서 멀리 있었는지 몸은 아는 것 같습니다. 이제 숨을 제대로 쉬어봐야겠습니다. 내 몸이 행복하도록 숨통에 맑고 깨끗한 숨을 가득 채워봐야겠습니다.

눈을 감기만 해도 기도라고 하던가요? 숨을 천천히 쉬기만 해도 기도라고 하던가요? 눈을 감기만 해도, 숨을 잘 쉬기만 해도 치유가 가능하다는 말입니다. 왜 아니겠습니까? 눈을 뜨면 당신과 당신들의 세상이 보이지만, 눈을 감으면 이 꼴 저 꼴 사라지고 나와 내 세상이 보이고 비로소 내 영혼을 만날 수 있으니까요. 그제야 외로운 내 영혼을 다독이고 안아줄 수 있으니까요.

과학적 설명으로는 눈을 감으면 부교감신경이 활성화한다고 합니

호흡
앉거나 서서 눈을 감고, 턱을 목 쪽으로 살짝 당긴다.
어깨와 허리를 곧게 펴고, 두 손은 배에 올려
배의 움직임을 느끼면서 아랫배에 힘을 준다.
서 있을 때 다리는 어깨너비로 벌린다.

다. 부교감신경이 활성화하면 숨이 깊고 느려집니다. 숨이 깊고 느려
지면 숲이 저절로 느껴집니다. 눈을 뜨고도 보지 못하고 알지 못하던
숲이 내게로 오고, 그 속에서 내 몸과 마음이 편안해지는 걸 느낍니
다. 이런 경험을 한 사람은 치유가 필요하다고 생각할 때 숲에 들어
가 눈을 감을 겁니다. 만나서 인사하고 맨 처음 치유 활동으로 눈을
감는 이유입니다. 눈을 감으면 몸의 세상이 어두워지면서 마음의 세
상이 환해집니다.

숨쉬기는 수련 과정에서 길을 잃었을 때 이를 자각하고 다시 자신

을 인지할 수 있도록 안내해주는 일차적인 도구입니다. 나를 들여다볼 수 있는 첫 단계가 천천히 숨쉬기죠. 성철 스님이 "고요하면 맑아지고, 맑아지면 밝아지고, 밝아지면 보인다"고 하신 말씀도 호흡을 통한 치유의 중요성과 닿아 있습니다. 화가 많이 났을 때나 불안할 때, 눈 감고 숨을 천천히 쉬면 마음이 가라앉는 것도 같은 이치입니다. 눈을 감기만 해도, 숨을 잘 쉬기만 해도 기도라는 말이 맞는 것 같습니다.

호흡의 아유르베다적 이해

삶과 죽음은 존재의 양면입니다. "들이쉬는 숨은 삶이고 내쉬는 숨은 죽음"이라는 오쇼 라즈니쉬의 말을 빌리면, 인간을 포함한 모든 동물은 호흡마다 죽고 다시 태어나는 겁니다. 예부터 인도에서 인간은 태어날 때 일정한 호흡수를 갖고 나온다고 믿었으며, 호흡수로 삶을 헤아렸습니다. 호흡이 느린 코끼리는 오래 살고 호흡이 짧은 개는 수명이 짧다는 사실로도 호흡과 수명의 관계를 알 수 있습니다. 사람은 스스로 호흡을 조절할 수 있으니 호흡 간격을 늘여서 천천히 하는 것이 중요합니다.

아유르베다에서는 숨, 즉 목을 몸이 마음으로 바뀌는 지점이라고 말합니다. 빠른 숨은 마음을 불안하게 하고, 느린 호흡은 마음을 편안하게 합니다. 숨이 고요해지면 몸이 고요해지고, 이어서 마음이 고요해집니다. 이는 숨으로 몸과 마음을 조절할 수 있다는 점에서 호흡의 중요성을 가리키는 지점이기도 합니다.

숨을 잘 다스리면 몸의 감각이나 감정에 지배되지 않습니다. 몸과 마음의 유기적인 관계로 볼 때 신체 수련과 마음 수련은 불가분의 관계라, 호흡이나 명상은 기본적으로 마음 수련이지만 신체의 건강에도 영향을 미칩니다. 호흡과 명상이 무의식적으로 작동하는 자율신경계인 교감신경과 부교감신경에 영향을 주기 때문입니다. 호흡이나 명상이 자연 치유력과 면역력을 높이는 가장 빠른 특효약이라고 하는 것도 이 때문입니다. 모든 호흡은 눈을 감고 하는 것이 치유에 효과적이며, 교감신경을 자극하는 흉식호흡보다 부교감신경을 자극하는 복식호흡과 쿰박 호흡이 좋습니다.

바라봄과 관찰자 효과

1998년 양자물리학 분야에서 최고의 권위를 자랑하는 이스라엘의 와이즈만과학원이 이중 슬릿 실험에서 밝혀낸 사실과 같이, 세상 만물은 생물이든 무생물이든 미립자로 구성됩니다. 모든 미립자는 우리가 어떤 생각을 하고 바라보느냐에 따라 반응합니다. '관찰자 효과 observer effect'는 우리가 바라보는 대로 변화하는 에너지 파동입니다. 바라봄의 영향과 치유 효과는 양자물리학의 관찰자 효과로도 설명됩니다. 산림치유 프로그램 진행에서 모든 활동이 그렇지만, 특히 심호흡과 명상에서 바라봄(觀)을 병행해야 합니다.

앉아서 하는 복식호흡

서서 하는 호흡

심호흡

종류	진행 방법	치유 효과
복식호흡	❶ 어깨에 힘을 빼고 편안하게 앉거나 선다. ❷ 양손을 배에 올린다. ❸ 배의 움직임을 통해 공기가 들어오는 걸 확인하면서 천천히 숨을 쉰다. ❹ 들숨보다 날숨을 2배 오래 쉰다.	◆ 소화불량, 변비, 고혈압, 콜레스테롤혈증, 불면증, 불안 장애 등에 좋다. ◆ 심폐기능 향상, 신진대사 활성화에 따른 체지방 감소 효과가 있다. ◆ 스트레칭과 깊은 호흡에 따른 심리적 이완 효과가 있다.
쿰박호흡	❶ 눈을 감고 숨을 고르게 편안히 한다. ❷ 숨을 5초간 들이쉬고 나서 멈춘다. ❸ 참을 수 없을 때가 되면 천천히 내쉰다. ❹ ①~③을 5회가량 반복한다. ＊ 쿰박 호흡은 심호흡의 한 종류이므로 적당하게 선택해서 진행한다.	

호흡 명상

명상이라면 특별한 형식을 갖추고, 다소 진지해야 할 것 같은 생각이 듭니다. 호흡 명상 또한 어떻게 해야 하나와 같은 고민이 따를 겁니다. 나는 호흡 명상이 '눈을 감고 숨을 천천히 쉬는 데 기도하는 마음을 보태는 것'이라고 생각합니다. 명상 중에 내 숨으로 들어오는 편안한 공기와 숲 내음, 내 마음으로 들어오는 숲의 소리, 명상 끝에 마주하는 맑고 푸른 하늘만으로도 충분히 정화와 치유를 받은 듯했기 때문입니다.

소리는 목 차크라(제5차크라, 비슈다차크라)와 관련이 있습니다. 목 차크라가 담당하는 청각의 작용은 세상이나 외부의 소리를 듣는 데 그치지 않습니다. 창조의 음성이 자신의 내적 음성과 만나 영혼과 접촉을 시작하고, 깨달음의 영감을 받기도 합니다. 색으로는 파란색과 연결됩니다. 바다 보기나 하늘 보기 같은 체험이 비움과 침묵 측면의 치유에 도움이 됩니다. 우리는 목 차크라를 많이 개발할수록 마음의 몸을 더 의식하고, 물리적 몸의 감각에 지배되지 않을 겁니다.

실제로 입시 때문에 불안증을 보이는 청소년, 상사와 불화를 겪는 직장인, 시어머니와 갈등으로 힘들어하는 며느리가 꾸준한 호흡 명상으로 문제가 무엇인지 찾고 갈등을 해결하는 경우를 보기도 했습니다. 해준 것도 없는데 자신의 숨만으로 말입니다.

진행 방법	치유 효과
❶ 조용히 눈을 감고, 호흡과 함께 오르락 내리락하는 배에 집중한다. ❷ 잡념이 생겨도 그대로 두고 오직 호흡과 함께 움직이는 배를 느낀다. ❸ 호흡을 의식하면서 호흡은 자연스럽게 깊어지고 느려지며, 그만큼 내면의 공간이 커지고 마음이 편안해진다. ❹ 신호를 보낼 때까지 계속한다.	◆ 감정 조절이 잘 안 되고 몸과 마음이 피곤할 때, 휴식이 필요할 때 좋다. ◆ 심리적인 안정, 집중에 따른 자아 성찰, 이완과 스트레칭 효과가 있다.

바른 자세에 대하여

4

🌱　　　고1 때 내 짝은 살면서 만난 참 고마운 사람입니다. 그때 나는 공부를 왜 해야 하는지, 선생님의 말씀을 왜 열심히 들어야 하는지 생각하지 않고 마냥 놀기만 했습니다. 공부 잘하던 그 친구는 자기 공부에 집중할 뿐, 그런 나한테 무심했고요. 그런데 그 친구가 늘 똑바로 앉는 모습이 좋아 보였습니다. 짝이라고 해봐야 장난도 안 칠 짝이니 하릴없이 친구를 따라 나도 바르게 앉아봤습니다. 신기한 일이 일어났습니다. 그때부터 내가 달라진 겁니다. 안 들리던 선생님 말씀이 귀에 들어오고, 비록 수업 시간뿐이지만 '공부가 재미있는 거구나' 알게 됐습니다. 바르게 앉기만 했는데 말입니다. 지금까지 공부를 좋아하는 건 아마 그때 생긴 습관이 아닌가 싶습니다.

공부가 재미있고 공부할 때 편안한 것을 생각하면, 그 상태를 행복이라고 정의한다면 지금 내 행복은 늘 바르게 앉던 그 친구 덕분인 셈입니다. 내가 바르게 앉을 수 있도록 늘 바르게 앉아준 그 친구가 고마운 사람인 이유입니다. 사소한 것일 뿐이던 바른 자세가 행복으로 가는 길과 만나는 걸 보면, 아이들에게 공부하라는 말보다 바른 자세로 앉는 습관을 들이는 게 먼저 아닐까 생각합니다.

얼마 전에 바른 자세가 자신감을 갖게 하고, 마음을 긍정적으로 바꾸며, 문제 해결력을 향상한다는 걸 알게 됐습니다. 바른 자세가 가져오는 심리적 변화를 '원더우먼 효과'라고 한다는 것도 알았습니다. 원더우먼이 허리와 어깨, 가슴을 쭉 펴고 다리는 어깨너비로 벌리고, 눈은 살짝 하늘을 바라보면서 손을 허리춤에 올리고 "좋아!"라고 하던 자세가 악당을 물리치고 불의를 심판한 문제 해결의 영웅으로 만든 원동력인 모양입니다. 어린 시절에 아버지가 옆집 아저씨와 시비가 붙었을 때, 평소와 달리 손을 허리춤에 올리고 어깨를 펴고 큰소리치신 이유도 알 것 같습니다.

나는 가끔 내 안의 주인에게 "충실한 삶을 살았는가?" 묻습니다. 그때 "네"라고 대답할 부분이 있다면 그 충실은 내 몸이 한 일일 겁니다. "아니요"라고 할 부분은 머리가 한 일일 겁니다. 머리가 그리 좋지 않으니 머리를 믿기보다, 거북이처럼 답답해도 변함없이 성실할 내 몸을 믿고 살아왔기 때문입니다. 몸은 머리보다 머리가 좋다는 말이 있습니다. 몸이 머리보다 머리가 좋다는 걸 내가 어찌 알았는지, 내 머리도 그리 나쁜 건 아닐까 생각이 듭니다. 새삼 원더우먼 자세와 비교해보니 내가 잘 산 것 같습니다. 정신을 바르게 하는 건 자세를 바르게 하는 것, 행복의 길로 가기는 어쩌면 그리 어려운 일이 아닌지도 모르겠습니다.

모든 바른 자세가 중요한 것은 신체 수련을 통한 마음 수련의 측면이 있기 때문입니다. 그런 이유로 숲에서 간단한 체조와 스트레칭을 할 때는 느린 호흡으로 천천히 움직이는 게 중요합니다. 스트레칭을 위한 바른 자세는 목을 곧추세우고 턱을 살짝 당기면서 어깨를 펴고 두 손을 앞으로 모으는 것으로, 흉곽을 넓혀 깊은숨과 느린 호흡을 가능하게 하고 마음을 편하게 한다는 점에서 바른 심호흡 자세이기도 합니다. 바른 자세라는 사소한 습관이 큰 변화를 가져오는 것을 '핵심 습관keystone habit'이라고 합니다. 이 책을 읽는 분들도 어깨를 펴보세요. 많은 게 달라질 겁니다. 까짓것, 내가 원더우먼이야!

물론 생각의 차이나 활동을 하는 데 소신이 없지 않겠지만, 나는 실내에서 하는 활동이나 인위적인 기구를 사용해 숲과 별개로 보이는 활동을 산림치유 프로그램의 하나로 삼는 데 부정적인 편입니다. 그들이 다도나 오락, 파이팅을 기대했다면 굳이 산림치유 프로그램을 찾지는 않았을 테고, 그런 방법이 숲 자체나 숲의 본질과 동떨어져 이것이 과연 산림치유인가 정체성을 의심하게 하기 때문입니다. 치유를 위한 물질이나 환경이 거의 완벽한 숲에서 치유 경험은 그들에게 중요한 건강 습관을 위한 경험일 테니, 이를 적극적으로 체험해서 자기 치유의 계기를 만드는 게 중요하다고 생각합니다.

몸의 수련을 통해 마음을 치유하는 신체 활동이라면 환영합니다. 이런 예로 숲에서 간단한 체조와 스트레칭을 들고 싶습니다. 심호흡을 가능하게 하고, 자신감과 긍정성을 자극하는 등 마음 치유에 영향을 미칠 것이기 때문입니다. 숲에서 주로 하는 스트레칭의 종류와 방법, 활동 사진을 붙입니다.

간단한 체조와 숲 스트레칭

5

사람의 골격은 신생아 때 약 350개지만, 자라면서 일부가 합쳐져 어른은 보통 206개입니다. 뼈는 대부분 근육과 인대로 연결돼서 움직이죠. 그러나 평소 우리는 늘 쓰던 뼈와 근육만 사용하는 것이 보통입니다.

스트레칭은 평소에 쓰지 않는 근육과 뼈를 자극하는 자세로 구성합니다. 탄력성과 유연성을 향상하기 위해 특정 근육이나 관절을 의도적으로 구부리거나 늘리는 방식으로, 주로 준비운동이나 정리 단계에 마무리로 실행합니다.

스트레칭은 긴장과 이완을 반복해 근육의 탄력성과 유연성이 향상되고 관절 가동 범위를 넓히므로, 숲에 들어가기 전에 사고를 예방하고 몸의 감각을 깨우기 위해 실시합니다. 스트레칭을 하면 참가자는 부지불식간에 "아~" "아, 시원해!" 같은 말을 뱉습니다. 답답하던 근육과 뼈가 내는 탄성이겠지요?

기본 스트레칭

스트레칭은 긴장과 이완을 반복함으로써
근육 탄력성과 유연성이 향상되고, 관절 가동 범위를 넓힌다.
숲으로 들어가기 전에 사고를 예방하고
몸의 감각을 깨우기 위해 스트레칭을 실시한다.

진행 방법	치유 효과
❶ 되도록 만난 장소에서 진행한다. ❷ 바르게 선 자세로 양 엄지손가락을 깍지 낀다. ❸ 엄지손가락을 깍지 낀 상태에서 몸이 수직이 되도록 양 팔을 올린다. ❹ 척추를 곧게 펴고 손바닥은 하늘을 향하고, 눈은 손등과 하늘을 바라보면서 하늘을 밀어 올리듯 팔을 쭉 뻗는다. ❺ 쭉 편 팔을 천천히 옆으로 내리면서 팔이 땅과 수평이 된 지점(몸과 직각인 지점)에서 손바닥으로 벽을 밀듯 팔을 쭉 뻗는다. ❻ ②~⑤를 5회가량 반복한다. ❼ 양팔을 머리 뒤로 팔꿈치 가까이 겹쳐지게 잡고 오른쪽 왼쪽으로 돌린다. ❽ 손을 뒤로 깍지 끼고, 어깨를 뒤쪽으로 조이면서 오른쪽 왼쪽으로 흔들면서 돌린다. ❾ 오른 다리 앞으로, 왼 다리 뒤로 벌리고 뒷다리를 당기면서 무릎을 굽힌다. 양쪽을 반복한다. ❿ 발을 붙이고 무릎을 굽힌 뒤 오른쪽 왼쪽으로 돌린다. ⓫ 바르게 서서 발목을 오른쪽 왼쪽으로 돌린다. ⓬ 마음 가는 대로 몸을 두드리면서 내 몸과 "고맙다, 미안하다, 힘들었지? 잘했어, 잘해보자" 이야기하고, 팔짱 낀 자세로 나를 안아준다. * ⑦~⑪은 각 5회 이상, 상황에 따라 횟수를 조절한다.	◆②~⑤는 심호흡과 전신 스트레칭 효과가 있다. ◆⑦, ⑧은 평소 쓰지 않던 상체 근육을 자극한다. ◆⑨는 평소 쓰지 않던 하체와 허리 근육을 자극한다. ◆⑨, ⑩은 이완 효과가 있다. ◆⑫는 스트레칭을 마무리하고 나를 돌아보게 한다.

나팔꽃 체조(다 함께 손잡고 하늘 보기)

사람들은 실망했을 때 고개를 푹 숙이고, 기쁠 때 하늘을 보고 활짝 웃습니다. 누군가 그리울 때는 멀리 하늘을 바라봅니다. 고개를 푹 숙이면 없던 고민도 생길 것 같은 기분이 듭니다. 이런 자세는 배운 것도 아닌데 그때마다 누구나 비슷합니다.

낮이건 밤이건 하루에 한 번이라도 하늘을 보면 심리 상담 비용이 들지 않는다고 합니다. 하늘을 본다는 게 그만큼 심리 치유 효과가 크다는 말입니다. 가슴을 활짝 펴면 자신감과 희망이 생기는 원더우먼 효과와 비슷할 겁니다.

이 체조는 함께 만든 인간 동그라미가 구부렸다 펴는 모습이 나팔꽃이 피었다 지는 모습과 닮아서 이런 이름을 지었습니다. 서로 엮어 동그라미를 만드는 것은 편안한 자세로 하늘을 보기 위함입니다. '나팔꽃 체조'는 자세를 바꿔 기분까지 바꾸는 심신 요법이라고 할 수 있습니다. 이 체험으로 하늘 보기의 경이로운 효과를 깨닫고, 하늘 보기를 일상화할 수 있을 겁니다.

꽃이 필 때와 질 때, 사실은 참 아픈 거라지요? 모든 새잎이 제 살을 찢고 나오듯 모든 꽃이 제 살을 찢고야 피어나고, 모든 열매는 그 아픔을 딛고 달립니다. 아픔 없이 꽃을 피우는 나무가, 아픔 없이 달리는 열매가 어디 있으려고요? 그런 마음으로 꽃이 필 때와 질 때의 자세를 한다면, 식물과 생명을 이해하고 그들을 자신의 마음으로 가져갈 수 있으니 더 효과가 좋을 겁니다.

진행 방법	치유 효과
❶ 모두 둘러선다. ❷ 옆 사람과 팔짱을 끼듯 손을 'X 자'로 엇갈리게 잡는다. ❸ 발은 중심을 잘 잡을 수 있도록 어깨너비로 벌린다. ❹ 모두 땅을 향해 고개를 숙인다. ❺ 나팔꽃이 피어나듯 천천히 일어난다. ❻ 손잡은 양옆 동료를 믿고 목과 허리를 힘껏 젖힌다. ❼ 그 상태에서 푸른 하늘과 흘러가는 구름, 흔들리는 나무 등을 충분히 감상하고, 제자리로 돌아온다. ❽ 꽃이 피고 지는 모양을 서로 맞출 수 있도록 '하나, 둘' 반복해서 구령을 붙인다. ❾ 꽃이 피고 지기를 10회 이상 반복해서 스트레칭 효과를 높인다. ＊ 아이스 브레이킹으로 해도 좋다.	◆ 심호흡, 스트레칭 효과와 함께 속이 뻥 뚫리는 느낌이 든다. ◆ 동료 간의 믿음과 옆 사람의 소중함을 느낀다.

지팡이 체조

지팡이는 나무라는 생명이 준 기댈 수 있는 도구입니다. 언젠가 흔들리며 뿌리와 몸을 키운 흔적이지요. 죽어서도 누군가의 의지가 되는 나무를 생각할 때, 지팡이는 그 이상의 것입니다. 그래서일까요? 숲에 들어설 때 사람들이 편안하듯, 지팡이를 들고도 참 편안해집니다. 사람이 지팡이를 들고 편안해하는 모습은 참 자연스럽습니다.

그 지팡이를 들고 놀이를 합니다. 숲에서 놀 자리를 만들어주면 어른들도 어린 시절로 돌아간 듯 즐겁게 놀지요. 마음껏 뛰어놀기도 훌륭한 치유가 됩니다. 우리 속의 아이를 끄집어내 뛰어놀게 하는 일이 치유 방법이니까요.

지팡이 체조

엄마랑 아기랑

지팡이 체조

옆 지팡이 잡기 놀이

피노키오 놀이

진행 방법	치유 효과
❶ 지팡이를 하나씩 들고 다리를 편하게 벌리고 선다. ❷ 팔을 펼쳐 잡고 지팡이를 들어 올린 자세를 1분간 유지한다. ❸ 팔꿈치를 편 채 뒤로 돌린다. 잘 돌아가지 않으면 팔을 더 넓게 벌린다. 이때 팔꿈치를 구부리지 않는 것이 중요하고, 무리하지 않는다. ❹ 제자리로 돌아온다. ❺ ①~④를 10회가량 반복한다. ❻ 한 손으로 지팡이를 높이 들고 반대쪽 늑골이 충분히 열리는 것을 의식하며 오른쪽·왼쪽 옆구리 쪽으로 굽힌다. ❼ 지팡이를 몸의 앞에 꽂고 등을 S라인(기역자, 90°로 굽힘)으로 만들고 버틴다. ❽ 놀이로 이어간다. 첫 번째는 '옆 지팡이 잡기 놀이'다. 지팡이를 그대로 두고 자리를 바꿔가며 옆 사람의 지팡이를 잡는다. 옆 사람이 두고 간 지팡이를 잡지 못하는 사람은 빠진다. 이런 식으로 최종 우승자를 결정한다. ❾ 두 번째 '피노키오 놀이'는 지팡이를 코에 올리고 누가 오래 세우는지 겨룬다. 피노키오는 거짓말하면 코가 길어지므로, 어릴 적 거짓말한 것을 반성하는 정화의 세리머니로 해도 좋다. ❿ 세 번째 놀이는 '손바닥에 오랫동안 세우기'다. 피노키오 놀이에 비해 쉽고 즐겁게 할 수 있다.	◆어깨와 목, 허리 스트레칭 효과가 있다. ◆ 전신 스트레칭과 동시에 장운동을 활성화한다. ◆ 오십견 예방과 치유를 기대할 수 있다. ◆ 산지가 다소 험한 경우나 다리가 불편한 사람은 지지용 지팡이로 계속 사용해도 좋다. ◆ 주의 사항 : 다치지 않도록 주의한다.

비스듬히 체조(커플 체조)

생명은 그래요
어디 기대지 않으면 살아갈 수 있나요?
공기에 기대고 서 있는 나무들 좀 보세요

정현종 님의 '비스듬히'라는 시 일부예요. 생명이 어디 기대지 않고 살 수 있냐는 시구가 참 감동입니다. 기대지 않고 살 수 있는 생명이 어디 있을까요? 짝은 더욱 그럴 겁니다. 그래서 짝과 하는 체조를 '비스듬히 체조'라고 이름 붙였습니다. 숲에서 내 짝에게 기대고 짝의 몸을 마주하면서, 짝과 기대는 의미가 마음의 치유로 다가갈 겁니다.

짝에 의지해 밀고 당겨서 스트레칭이 수월하고, 효과는 커집니다. 일정한 순서와 방법을 따라 해야 하니 다소 번거롭지만, 짝의 의미와 내 짝에 대한 이해가 커집니다. 현장에서 시를 읽어주고 체조를 시작할 때, 진지하게 임하고 치유 효과가 커지는 것을 볼 수 있습니다.

비스듬히 체조

비스듬히 체조

진행 방법	치유 효과
❶ 두 사람이 마주 보고 다리를 편하게 벌리고 선다. ❷ 서로 어깨를 잡고 수평 5초, 오른쪽 5초, 왼쪽 5초 버틴다. ❸ 서로 손을 잡고 머리를 젖히며 5초 버틴다. ❹ 각각 오른발과 왼발 측면을 대고 서서 옆으로 손을 잡는다. 이때 한 손은 아래쪽을 향하고 다른 손은 위로 잡아, 팔 모양을 하트로 만든다. ❺ 오른발끼리 만나도록 발끝을 붙이고 뒤로 돌아서 양손을 잡고 당긴다. 발을 바꿔가며 반복한다. ❻ 돌아선 채 두 발을 가까이 붙이고 서로 업어준다. 이때 업히는 사람이 발을 땅에 붙이지 않는 게 중요하다. ❼ 등을 대고 비스듬히 서서 상대의 오른쪽 어깨에 머리를 올리고 하늘을 본다. 이때 편안한 곳에 자리 잡고 앉아서 진행해도 좋다.	◆ 함께 해서 어깨와 목, 허리 등 온몸의 스트레칭 효과를 배가한다. ◆ 장운동을 활성화한다. ◆ 친밀감을 강화한다.

1분 단전 치기

'1분 단전 치기'는 모든 스트레칭의 끝에 넣어 정리 움직임으로 쓰는 동작입니다. 마이클 거슨은 장을 '제2의 뇌'라고 했습니다. 소화관이 장 신경계의 독자적 작용으로 뇌의 도움 없이도 기능을 조절할 수 있고, 장 신경계 스스로 느끼고 판단하고 행동하라는 지시를 내린다는 점에서 기능적으로 뇌와 같기 때문입니다.

마음이 오장의 정기에서 비롯된다는 한의학의 믿음도 같은 맥락이라고 할 수 있습니다. 실제로 마음은 머리뿐만 아니라 장과 피부 등 온몸에서 만들어지는 현상입니다. 하루 한 번 단전 치기로 장을 자극하면 몸과 마음이 모두 튼튼해집니다.

진행 방법	치유 효과
❶ 다리를 어깨너비로 벌린다. ❷ 무릎은 구부려 기마 자세를 취한다. ❸ 어깨에 힘을 빼고 단전 주위 양쪽을 주먹으로 20회 이상 북 치듯 툭툭 친다. ❹ 단전 치기가 끝나면 배를 시계 방향으로 쓸면서 마무리한다.	◆ 장운동을 자극해 기분이 좋아진다. ◆ 변비를 완화한다. ◆ 면역력을 향상한다.

한쪽 다리 들고 중심 잡기

'한쪽 다리 들고 중심 잡기'는 노화가 얼마나 진행됐는지 예측하고, 계속 훈련하면 노화 예방이 가능한 운동입니다. 도파민과 베타엔도르핀, 옥시토신, 세로토닌 등 호르몬을 포함한 신경전달물질의 생성을 촉진하는 간뇌도 발달시킵니다. 이 놀이는 누가 오래 버티는지 겨루는 게임으로 해도 좋습니다. 쉬우면서도 비틀거리게 되니 특히 노년층을 대상으로 할 때 재미있습니다.

진행 방법	치유 효과
❶ 똑바로 편히 자리를 잡고 한 발로 선다. ❷ 할 수 있는 만큼 하다가 발을 바꿔 똑같이 시작한다. ❸ 점차 시간을 늘린다. ❹ 누가 가장 오래 버티는지 게임으로 진행한다.	◆ 근육의 힘을 키운다. ◆ 꾸준히 하면 노화 예방이 가능하다.

좀비 스트레칭

좀비는 '죽은 사람의 영혼'이라는 뜻입니다. 그러나 "그는 무덤에서 오나니, 조심하라, 그는 살아 있는 송장이니…"라는 힌두교 경전 구절과 같이 주로 '살아 있는 시체'로 알려져 있습니다. 요즘은 영화나 드라마, 소설, 게임 등 다양한 미디어에서 좀비를 활용하지요. 부두교에서 좀비는 주술로 조종되지만, 현대의 좀비는 바이러스 감염 같은 과학적 원인으로 발생하는 것으로 표현하기도 하고, 그 모습 때문에 코미디에 등장하기도 합니다.

'좀비 스트레칭'은 이완과 긴장을 반복하는 자세를 취하는데, 특히 이완이 돋보입니다. 살아 있는 송장의 자세라니, 이완과 동시에 웃음 치유 효과를 보는 놀이가 될 수 있습니다.

진행 방법	치유 효과
❶ 되도록 평평한 곳에 자리를 잡고, 서로 약간의 거리를 두고 자유롭게 선다. ❷ 어깨를 툭툭 털면서 마음대로 돌아다닌다. ❸ 좀비를 상상하며 재미있고 자유롭게 표정을 짓는다.	◆ 심신 이완 효과가 있다. ◆ 심호흡, 다이어트, 기분 전환 등 웃음 치유 효과가 있다.

뒤꿈치 들었다 내리기

뒤꿈치를 들었다 내리는 행동은 엄지발가락을 쓰고, 자연스럽게 발바닥의 용천湧泉을 자극합니다. 용천은 발바닥 한가운데 옴폭 들어간 부분으로, '물이 솟아나는 샘'이라는 뜻과 같이 이 부분을 자극하면 정력에 좋다고 알려져 있습니다. 첫날밤에 신랑을 거꾸로 매달고 다듬잇방망이로 이 부위를 두드리거나 이 부위에 침을 놓는 것도 같은 이유입니다.

야단법석을 떨거나 꼴사납게 날뛸 때 지랄용천한다고 말합니다. 기운이 솟는 모습을 보여주는 이 말에서도 용천이 어떤 곳인지 알 수 있습니다. 대수롭지 않아 보이는 운동이 생각보다 효과가 큽니다.

진행 방법	치유 효과
❶ 되도록 평편한 곳에 자리를 잡고, 서로 약간의 거리를 두고 자유롭게 선다. ❷ 종아리를 붙이고, 배에 힘을 준다. ❸ 뒤꿈치 들었다 내리기를 10회 이상 반복한다.	◆ 근육을 수축·이완하는 간단한 방법이다. ◆ 배에 힘을 주게 되므로 근육운동을 하는 효과가 있다. ◆ 단전을 자극한다.

자연 바라보기
─ 그 속에서 나 찾기

자연은 우리에게 참 많은 이야기를 합니다. 말도 소리도 없는 자연의 이야기를 들을 수 있는 건 하늘의 말씀이기 때문이 아닌가 생각이 들 때가 많습니다. '그럼 나는 어찌해야 하나'와 같은 생각으로 이어질 때 더 그렇습니다. "태초에 말씀이 있었다"는 성경 구절이나, "태초에 하늘에 길이 있었다"는 공자의 말씀이 이런 것 아닌가 싶습니다.

죄 만들지 않는 생명의 숲

1

숲을 앞에 두고 숲의 저 끝을 바라봅니다. 그 안에 나무가 있고 풀이 있습니다. 저 속에 작은 벌레도 있겠지요? 그 벌레를 먹는 작은 동물이나 큰 동물이 어딘가에 살겠지요? 그들 모두 죄라는 걸 알지 못하고 만들지 않는 생명이라는 게 나는 참 좋습니다. 그들을 생각할 때 가슴이 뜁니다.

숲은 죄 만들지 않는 생명의 맑은 파동이 모여 있는 커다란 덩어리입니다. 그 속에 들어가면 그들의 울림이 내게 오고, 그 속에서 엄마 배 속 아이보다 작은 나는 그 커다란 덩어리의 울림 속에 스며듭니다. 나 정도 파동을 저 큰 숲의 파동이 끌어당기는 것은 일도 아니겠지요? 그러니 내 울림도 그들처럼 맑아질 겁니다.

숲에 들어서 그들과 닮은 울림을 갖고 싶어집니다. 오늘은 또 어떤 맑은 영혼이 나를 반가이 맞아줄까요? 오늘은 누가 나를 기다리면서 멋진 모습을 보여줄까요? 숲은 언제고 내 이런 기대를 거스르지 않으면서 나를 가슴 뛰게 합니다.

죄 만들지 않는 생명의 울림이 모여 있는 숲

나무를 안고
나무의 시간, 나의 시간

2

오솔길로 들어서서 작은 나무를 지나 꽤 큰 나무 곁에 섭니다. 그리고 둥치로 봐서 20년은 족히 살아온 것 같은 그 나무를 안아봅니다. 이 나무도 아기 나무 시절이 있었겠지요? 뿌리가 깊지 않아 작은 바람에도 흔들리고, 쉬이 목말랐을 겁니다. 눈보라와 비바람이 외롭고 무섭던 날도 많았을 겁니다.

지금 내 앞의 나무는 하늘을 향하고 흔들리면서 뿌리를 키운, 그 수많은 시간을 견디고 욕망을 떨군 흔적입니다. 그 증거가 지금 내 앞에 우뚝 서 있습니다.

나는 나무를 안고 마음으로 이야기합니다. 쓸쓸했지? 힘들고 무서운 날도 많았을 거야. 모든 걸 이겨내고 이렇게 우뚝 섰으니 당신이 최고라고, 잘했다고, 정말 멋있다고 이야기합니다. 그러고 나면 박수가 저절로 나옵니다.

이 박수는 나무의 것만이 아닙니다. 내 것이기도 합니다. 나도 그랬거든요. 나도 때론 흔들리고, 넘어져 피 흘리고, 목마르고 추운 날이 많았거든요. 그래도 툭툭 털고 일어나서 지금까지 잘 살았습니다. 그 증거가 지금의 나입니다. 나는 나를 쓰다듬듯 나무를 쓰다듬으며 눈을 감습니다.

잘했어, 다 괜찮아. 우리 모두 잘했어, 다 괜찮아⋯.

나무 안기

숲, 길가에 피어난 작은 꽃
온 세상에 박수를

3

숲으로 들어가는 길은 언제나 나를 감동하게 합니다. 숲은 원래 나무와 풀뿐 아니었나요? 그런 곳에 길이라니요! 원래 없던 길에 누군가 처음으로 발을 디뎠고, 다른 누군가 그 길을 따라갔고, 그렇게 발걸음이 이어지면서 길이 만들어졌습니다. 길은 같은 곳을 바라보며 함께 걷기도 하고, 뒤따라 혼자 걷기도 한 여러 사람 마음의 흔적입니다. 그 길을 누가 걸었는지, 그 길에 어떤 말을 두고 갔는지, 그 말이 아팠는지 따뜻했는지 누가 위로를 받고 갔는지 길은 알 겁니다. 길은 모든 것을 품고 오늘도 길이 됩니다. 길 위의 말이 수런거리듯, 나는 그 말을 더듬어 들을 수 있을 듯싶습니다.

그러나 길은 사람 입장에서나 길이지, 숲 입장에서는 뿌리를 내릴 수 없는 땅입니다. 그런 이유로 길에는 키 작고 뿌리 깊은 풀이 듬성듬성 자랄 뿐, 나무가 없습니다. 사람 발길이 잦으니 키가 큰 꽃이나 나무가 자랄 턱이 없습니다. 그러던 길에도 봄이 찾아오면 군데군데 민들레나 제비꽃, 괴불주머니가 꽃을 피웁니다. 신기한 일은 꽃이 없을 때는 발길이 거침없고 무심했는데, 꽃이 눈에 보이면 누구나 꽃을 피해 조심조심 가는 것입니다. 일부러 꽃을 밟고 가는 사람은 하나도 없습니다.

그렇구나, 원망스럽고 무심하던 발길을 무수히 견뎌내면 바라보는구나, 존중이 결실로 돌아오는구나. 꽃을 피우면 박수를 받는 거라고 생각합니다. 무심한 발길에도 용케 꽃을 피운 그들에게 내 마음을 전하고, 그들이 위로받을 수 있도록 박수를 보내는 수밖에요. "잘했어, 고마워, 네가 내 선생님이야~." 나는 이 작은 친구들이 기특해 또 신나게 손뼉을 칩니다.

괴불주머니

| 민들레

| 제비꽃

원망스럽고 무심한 발길을 견뎌낸 결실이
존중이 되어 돌아옵니다.

손뼉 빨리 치기

손뼉을 치면 웃을 때와 마찬가지로 뇌가 우리에게 좋은 일이 일어난 것으로 생각한답니다. 그래서 기분 좋을 때 분비되는 건강 호르몬이 분비됩니다. 피부를 '제3의 뇌'라고 부르는 건 피부 자극으로 나타나는 반응이나 효과가 뇌의 행동 양식과 비슷하기 때문입니다. 내 기분에 취해 손뼉을 친 것뿐인데, 건강이라는 선물까지 덤으로 받습니다. 이래저래 참 고마운 일입니다.

건강에 좋고 기분까지 좋아진다니, 이렇게 좋은 세상에 태어난 우리 모두한테 그리고 좋은 세상을 허락해준 세상에 잠깐 손뼉을 치고 가도 괜찮을 듯싶습니다. 이 숲에 사는 모든 친구가 박수 소리를 듣고 얼마나 좋아할까요. 박수는 우리가 이 숲에 드리는 선물입니다.

'손뼉 빨리 치기'는 누가 손뼉을 많이 치는지 겨루는 게임으로, 박수 효과까지 볼 수 있습니다. 10초 동안 50회 이상 손뼉을 치면 노화 정도가 양호한 것으로 봅니다. 실제로 게임을 해보면 나이가 많을수록 10초 동안 50회 손뼉 치기가 어려운 것을 알 수 있었습니다. 손뼉 빨리 치기로 《기네스북》에 오른 조영춘 박사의 기록은 10초당 82번입니다. 손뼉을 치다 보면 정말로 신이 난다는 게 참 신기합니다.

진행 방법	치유 효과
❶ 제자리에서 편안하게 손뼉을 쳐본다. ❷ 1초 동안 손뼉을 몇 번 칠 수 있는지 테스트하고, 점차 시간을 늘려 10초까지 연습한다. ❸ 10초 동안 손뼉 치는 연습을 할 수 있도록 적당한 시간을 주고, 자신이 손뼉을 몇 번 쳤는지 세어본다. ❹ 손뼉을 가장 많이 친 사람에게 다 같이 손뼉 쳐준다. ❺ 손뼉 치기에 이어 아로마 '손 마사지'를 해도 좋다.	◆ 자신을 칭찬하는 효과가 있다. ◆ 말초 혈관이 늘어나서 혈액순환에 도움이 되고, 피부 마사지 효과가 있다. ◆ 체온을 높여서 면역력을 향상한다. ◆ 연습과 훈련에 따른 박수 수의 증가(운동 기능 향상)는 노화 예방에 도움이 된다.

숲의 길, 사랑으로 가는 길

4

숲의 오솔길은 참으로 아름답습니다. 철 따라 모습을 보여주는 꽃이나 나무 낱낱이 아름답지만, 그들이 만들어낸 어울림이 더 큰 감동을 줍니다.

자연이 만든 숲길 가장자리에는 어디에나 볏과 식물이나 고사리처럼 작은 풀이 있습니다. 그 안쪽으로는 진달래나 찔레, 국수나무같이 작은 떨기나무가 눈에 띕니다. 참나무나 아까시나무처럼 큰키나무는 작은 나무를 지나야 그 안쪽에서 찾아볼 수 있습니다. 그 모습이 우리가 학교 다닐 때, 키 작은 친구들을 앞에 세우던 풍경 같습니다.

큰 나무가 앞으로 나오면 작은 나무나 키 작은 풀은 햇빛을 받지 못할 겁니다. 그러면 작은 나무나 풀은 키가 자라지 못하고, 꽃도 피울 수 없을 테지요. 당연히 씨앗을 맺을 수 없으니 한 생명의 일생에 안타깝고 슬픈 일입니다. 오솔길의 아름다운 풍경은 숲이라는 공간을 잘 나누는 마음이, 그 속에 있는 배려의 뜻이 만드는 어울림입니다.

이들의 어울림은 여기서 끝나지 않습니다. 큰 나무가 잎을 내기 전에 작은 꽃이 부지런히 꽃을 피우면 그다음으로 작은 나무가 꽃을 피우고, 아까시나무나 밤나무 같은 큰 나무는 느지막이 꽃을 피웁니다. 꽃도 키 순서대로 앞에 있는 작은 친구부터 피는데요, 때를 달리해 꽃을 피우는 것은 그들을 찾는 벌과 나비 같은 곤충을 위해서입니다. 한꺼번에 꽃을 피우면 그들이 배가 터져 죽고, 꽃꿀이 일제히 없어지면 굶어 죽을 테니, 꽃가루받이를 못 해 씨앗을 만들지 못하는 식물이 많을 겁니다.

이들은 벌과 나비를 위해 시간 차를 두고 꽃을 피우는 게 결국은 자신을 위하는 일로 돌아온다는 걸 잘 아는 모양입니다. 이렇게 복잡하고 어려운 걸 도대체 어떻게 알았을까요? 이런 걸 순리라고 하는 모양인데, 이들이 어떻게 한마음이 돼서 일사불란하게 움직이는지 신기하고 기특합니다.

광대한 우주에는 수많은 별이 있습니다. 그 많은 별이 한 치의 오차도 없이 순행하게 하는 힘이 모성이라는 글을 읽은 적이 있습니다. 그때는 그 말이 와닿지 않았습니다. 그런데 지금 내 눈앞에 보이는 미물을 한 치의 오차도 없이 일사불란하게 움직이도록 하는 힘이 모성이라고 한다면, 그 말은 이해할 수 있을 듯합니다. 지금 내 눈앞의 풍경이 이해할 수 없던 우주의 순행을 이해하게 합니다.

이 대목에서 나는 또 내 몸을 생각합니다. 우주만큼 복잡한 몸을 가진 내가 이렇게 앉아 글을 쓰고 생각할 수 있는 것은, 우주만큼 복잡한 내 몸 어디에도 한 치의 오차가 없기 때문이니 그야말로 기적입니다. 어쩌다 조금 아프다 해도 소우주인 내 몸의 지극히 일부분이 편치 않은 것이니 기적이고, 나는 지금 기적 같은 삶을 사는 겁니다. 지금 내가 여기에 있는 것이 기적입니다.

우주-자연-숲-소우주인 내 몸 그리고 섭리-순리-모성-사랑-기적… 숲도 우주, 나도 우주, 우리 모두 우주, 그러니 우리 모두 기적, 우리 모두 사랑, 세상은 사랑 그 자체지요. 그러고 보니 세상 어느 것도 우주 아닌 것이 없고, 기적 아닌 것이 없고, 사랑 아닌 것이 없습니다. 내 안에 예수가 있고 부처가 있으니 내 몸이 성전이라는 말이 그 뜻인가 봅니다. 날마다 나를 살피고, 나에게 물어보고, 나에게 기도해야겠습니다. 그것이 내 안의 예수와 부처를 만나는 길일 테니까요.

숲의 오솔길을 걷다 보면 천국에 든 듯 세상을 잊을 때가 많습니다. 이처럼 숲은 세상과 다른 생각을 하게 합니다. 방금 숲길에서는 꽃을 피운 친구에게 아낌없이 박수를 보내고 싶었는데, 지금 기분은 조금 다릅니다. 섭리와 순리, 모성과 사랑과 기적 같은 많은 것이 생각나면서 더 깊어지는 기분입니다.

이것이 숲의 정신이 주는 울림일까요? 숲의 정신이 내게 온 것일까요?

나는 똥이야, 애벌레가 아니야

5

숲길에는 늘 벌레가 있습니다. 나는 벌레를 좋아합니다. 작고 기어 다니기 때문입니다. 맨발이고 맨몸이기 때문입니다. 맨발과 맨몸이 그 친구의 전 재산이기 때문입니다. 작은 친구가 맨발로 맨몸으로 기어 다니면서 쉬지 않고 일하는데, 때로 엄청나게 기특한 재주를 보여주기 때문입니다.

새의 눈에 띄어 먹히지 않으려고 자기를 더러운 똥처럼 만드는 가시가지나방 애벌레, 시침 뚝 떼고 나뭇가지처럼 쭉 뻗은 가지나방 애벌레, 건드리면 냄새 뿔을 툭 뽑아서 고약한 냄새를 뿜어내는 산제비나비 애벌레… 그 작은 친구들을 보면 참 아득해집니다. 그 안에서 살고자 하는 간절한 염원을 봅니다. 그 염원이 그와 같은 기적을 만들었을 겁니다. 나는 저렇게 온몸으로 사는지, 저토록 간절한 삶을 산 적이 있었는지 돌아보게 됩니다. 작아서 당신들은 얼마나 훌륭한 존재인지, 당신들이 바로 기적이야 생각하게 합니다. 그러니 어떻게 그들을 사랑하지 않을 수 있을까요? 어떻게 그들에게 손뼉 치지 않을 수 있을까요?

새똥 모양을 흉내 내는 가시가지나방 애벌레

나뭇가지와 구분하기 힘든 대벌레

가지나방류 애벌레

냄새 뿔을 보여주는 산제비나비 애벌레

그 애벌레가 나뭇잎을 먹고 자랍니다. 그리고 어느 날 스스로 만든 집, 그 속의 어둠을 찾아 들어가서는 세상 바닥을 기어 다니던 자기 몸을 뭉개 없애버립니다. 어둠 속에서, 뭉개진 몸 안에서, 자유의 날개와 세상으로 향하는 안테나를 건져 올립니다. 그들에게서 활공의 자유와 세상을 향하는 촉수는 어둠과 죽음이 만드는 거라는 사실을 배웁니다. 이때 나는 그들이 준 터질 것 같은 감동을 잠재우기 위해서 옆의 누구라도 안고 싶어집니다.

생각하면 이들은 나뭇잎이 몸 바쳐서 만들어준 자유고 안테나입니다. 그러니 나뭇잎은 또 얼마나 아름다운가요? 나뭇잎이 벌레 먹어서 예쁘다고, 그게 남을 먹여가며 산 흔적이어서 아름답다고 한 시인의 마음을 알 것도 같습니다. 오솔길 한쪽에서 벌레 먹은 나뭇잎 한 장을 들고 이생진 님의 '벌레 먹은 나뭇잎'이라는 시 한 구절을 읊어봅니다.

나뭇잎이 벌레 먹어서 예쁘다
귀족의 손처럼 상처 하나 없이 매끈한 것은
어쩐지 베풀 줄 모르는 손 같아서 밉다

그 안에 오늘의 우주와 기적을 새겨봅니다. 우리 누군들 누구의 날개를 만들지 않았을까요? 누군들 누군가의 더듬이가 되지 않았을까요? 그러니 우리는 모두 벌레 먹은 나뭇잎의 상처를 채우는 벌레 먹은 나뭇잎입니다. 그 안에 내가 있습니다.

날개를 키운 나뭇잎의 상처가
우리를 주인공으로 만듭니다.

돌도 나이를 먹으면

6

우리가 걷는 오솔길은 이 큰 숲의 아주 작은 끝자락일 뿐입니다. 그런데 어찌나 대단한 것이 많은지 그 마음을 일일이 들여다보려면 오늘 저녁이 돼도 어려울 것 같습니다. 그것들이 내 마음을 비우게도 하고 따스하게도 하니, 나는 이 오솔길의 위로에 더 머물고 싶어집니다. 엄마 품에 있는 것 같기도 하고, 하늘의 뜻을 읽는 것도 같아서입니다. 이 여운에 머무르고 싶은 것은 무엇보다 오솔길이 참 편안해서입니다.

그 길 한쪽에서 나는 또 오늘의 기적을 만납니다. 이끼 낀 돌입니다. 이끼로 뒤덮여 그 매끈한 외양에 빗대 돌이라고 추측할 뿐, 어디에도 잿빛 돌의 모습은 보이지 않습니다.

매끈한 바위나 나무껍질에 어느 날 지의류가 자리 잡습니다. 지의류는 지구의 옷이라는 말처럼 지구에 흔한 물질입니다. 조류는 균류에게 집을 제공하고 균류는 조류에게 영양분을 공급하는 식으로 공생하면서, 주로 녹색 딱지 형태로 바위와 나무껍질을 덮습니다. 그런데 균류가 조류에게 주는 질산염과 인산염은 산성이라, 바위를 흙 모양으로 푸석푸석하게 만듭니다.

이끼 낀 돌

식물이 자리 잡기 시작한 돌

바위가 푸석푸석해지면 그 부분에 헛뿌리가 있는 이끼가 자리 잡습니다. 이끼도 다른 식물의 뿌리처럼 뿌리 끝으로 젤리 성분의 영양물질을 배출하는데, 이 젤리 성분에 있는 박테리아가 유기물과 토양 파편을 부수는 일을 합니다. 바위는 더 푸석푸석해져 풀이나 고사리 같은 조금 더 큰 식물이 들어오게 됩니다. 점차 국수나무나 싸리나무 같이 작은 떨기나무가 들어오고, 이어서 소나무가 들어오면 아까시나무나 참나무 같은 나무가 들어오기 적당해지고, 결국 자작나무나 서어나무가 들어오면서 극상의 숲이 만들어집니다. 이렇게 극상의 숲이 만들어지는 데 적어도 500년 이상이 걸립니다.

숲은 결국 지의류에서 만들어집니다. 지의류가 지구에 발을 디딘 4억 년 전의 발생 형태도, 이렇게 숲이 만들어지는 과정도 나는 그 시작이 공생이라는 게 참 좋습니다. 시작은 미미했으나 끝은 창대하다고 하던가요? 창대한 숲은 이렇게 '미미한'이라는 말로도 부족하기 짝이 없는, 작은 '둘'이 만든 '하나'로 이뤄진 것입니다.

누가 돌을 생명이 아니라고 말할 수 있을까요? 돌도 나이를 먹으면 이렇듯 생명을 품고, 그 힘으로 새 생명을 만드니 말입니다. 이 대목에서 어쩔 수 없이 '그럼 나는?'이라는 생각을 합니다. 생명이 아닌 것으로 취급되는 돌도 나이를 먹으면 생명을 품는데, 하물며 인간인 내가 생명을 품고 키우는 것은 당연한 일입니다. 이제부터 내 삶의 시비와 갈등 앞에 돌을 놓고, 그 돌을 내 기준으로 삼아야겠습니다.

아름다운 새살 고리

7

흔들리지 않고 피는 꽃은 없다고 하던가요? 흔들리는 만큼 뿌리가 자라니 많이 흔들릴수록 건강하고 아름다운 꽃을 피울 겁니다. 서 있는 모든 나무는 많이, 잘 흔들리며 살았다는 증거입니다. 제 가지를 아프게 잘라낸 증거이기도 합니다.

세상 모든 사람이 상처가 있듯, 숲의 모든 나무는 상처가 있습니다. 때로 그 상처의 흔적이 아주 크기도 합니다. 넓은잎나무와 바늘잎나무에서 모양이 조금씩 다르지만, 특히 넓은잎나무에는 그 흔적이 새살 고리로 나타납니다. 새살 고리는 자의든 타의든 제 몸에 생긴 상처를 스스로 치유한 흔적입니다. 새살 고리라는 말은 상처의 새살이 고리 모양으로 나와서 그런 이름이 붙었나 봅니다.

사진은 오동나무에 생긴 새살 고리입니다. 동그란 고리가 꽤 큰 걸 보니 아무래도 사람 다니는 데 지장이 있다고 굵은 가지를 잘라낸 듯합니다. 오동나무는 속이 물러서 잘 말려 가구를 만들면 가벼워 유용하고, 악기를 만들면 울림이 좋습니다. 오동나무를 베어 시집가는 딸의 혼수를 마련하고, 거문고나 가야금을 만든 이유가 이것일 테지요.

이 새살 고리 안에 민달팽이가 삽니다. 내가 본 녀석은 꽤 큰 민달

오동나무에 생긴 새살 고리

새살 고리에 있는 민달팽이 집

팽이 두 마리인데, 가끔 나무둥치를 어슬렁거리며 산책을 합니다. 새살 고리가 민달팽이의 집이 된 것도 나무가 물러 사람들이 많이 쓴 이유와 같을 겁니다. 상처가 없었다면 달팽이 집도 없었을 겁니다. 상처로 생명을 품다니요! 나무를 성자라고 한 이유를 알 것도 같습니다. 나무 아래에서 설법을 펼치던 성자가 새가 날아와 울자 설법을 끝낸 이유도 나무처럼 살라는 뜻이었을 겁니다.

넘어져 부러진 뼈가 붙으면 더 단단하듯 나무도 그렇답니다. 새살 고리가 나무의 다른 부분보다 단단합니다. 넘어지는 건 어찌 보면 더 단단해지기 위한 시작입니다. 그러니 넘어져 일어나지 못하는 게 잘못일 뿐, 살다가 넘어지는 건 잘못이 아닙니다. 세상의 바람이 우리를 흔들고 쓰러뜨리지만, 우리는 그 바람으로 뿌리를 키우고 맷집이 강해질 겁니다. 그 맷집이 생명을 품는 넉넉함이 됩니다. 나도 그와 같이 되기를 바랍니다.

웃고 놀기 ― 자연과 하나 되기

이 세상에 나온 것도, 사람 노릇 할 만큼 자란 것도 수많은 이의 보살핌과 하늘의 허락, 과거와 현재를 망라한 온 세상의 보살핌 덕이었을 겁니다. 지금 내가 행복하고 앞으로 행복할 것도 그 때문일 겁니다. 놀면서도 일하면서도 먹으면서도 아플 때도 한껏 행복해야 하는 것은 하늘의 명이기 때문일지 모릅니다.

숲으로 난 길을 걷다 보면 어느 숲에서건 넉넉한 공간이 나옵니다. 이런 공간을 만나면 뛰어놀고 싶어집니다. 술래잡기, 고무줄놀이, 구슬치기, 비석치기, 무궁화 꽃이 피었습니다 같은 어린 시절 놀이가 하고 싶어집니다. 아무래도 어린 시절 놀이할 때의 즐거움이 내 몸 깊숙이 각인돼서 그리움으로 나타나는 모양입니다. 그것이 내 몸이 기억하는 행복인가 봅니다. 어릴 적 즐겁던 시간이 우리 존재가 닿고 싶어 하는 궁극의 모습이 아닐까 생각도 듭니다.

머리가 그다지 좋지 않은 내가 지금까지 행복하게 산 것은 순전히 팔다리 덕입니다. 똑똑하지 못한 머리보다 손으로 적고 팔다리로 움직이면서 우둔하지만 우직한 내 몸을 믿은 겁니다. 할 수 있다는 생각이 팔다리를 움직이게 한 걸 보면 내 팔다리는 정신의 충실한 수호천사입니다. 그러나 내 정신과 팔다리가 연동한다는 점에 비춰볼 때, 팔다리는 내 정신 자체로 생각되기도 합니다. 머리가 그다지 좋지 않다 보니 가끔 쉬게 해줘야 하는데, 그때 팔다리가 일을 대신합니다.

바로 운동입니다.

어린 시절 놀이터 같은 곳이 나타났고, 숲으로 난 길을 걸어오면서 마음에 들인 생각을 가벼이 하고 머리를 쉬게 해줄 때가 됐다, 그러니 놀고 싶다 이 말입니다. 머리가 쉬고 싶어 하는 걸 몸이 알아챘으니, 이래서 몸이 머리보다 머리가 좋은가 봅니다.

웃음과 유머가 스트레스 같은 부정적 감정을 지우는 가장 탁월한 도구라는 점에서, 모든 프로그램은 즐겁게 웃으며 재미있게 진행해야 합니다. 알맹이 없이 끝나면 오락일 뿐이지만 말입니다. 펼치기 2에서 다루는 놀이는 누군가에게 배운 것을 치유에 어울리게 다듬어 새로이 이름 붙이거나, 제가 만들어 진행한 것입니다. 어릴 적 나를 행복하게 한 몇 가지 놀이, 치유와 연결한 몇몇 간단한 놀이를 소개합니다.

어린 시절 놀이를 응용한 치유 놀이

1

비석치기와 돌탑 쌓기, 돌에 든 치유의 마음

돌에는 영원의 시간이 들어 있습니다. 또 무구한 역사를 품고 있습니다. 길가에서 흔히 보는 돌무덤은 허투루 생긴 게 아닙니다. 이 길을 걷는 누구라도 걸려 넘어질 것을 걱정하는 마음이 모여 만들어졌습니다. 돌무덤은 낮 동안 따뜻이 데워져 거미나 곤충, 작은 뱀이나 도마뱀 같은 미물에게 밤의 안식처가 되고, 서식처가 됩니다. 내 가족이 아닌 누군가를 아끼고 미물을 배려하며 온 우주에 베푸는 사랑이 그 안에 들어 있습니다. 우리 어머니들이 돌무덤 앞에서 기도한 이유는 이런 기원과 자비의 마음이 소원을 이루게 하리라고 믿었기 때문일 겁니다.

처음부터 생기 없고 매사에 심드렁한 젊은이였습니다. 한눈에도 마지못해 끌려 나온 것 같았습니다. 그 젊은이가 '돌탑 쌓기'에 눈을 반짝이며 관심을 보였습니다. 아무것도 하지 않던 젊은이가 처음으로 뭔가에 집중하니 센터의 많은 이가 놀랐습니다. 그 젊은이가 가장 높이 쌓아 올리고, 나머지 프로그램에 적극적으로 참여했습니다. 돌

탑 쌓기는 함께 감동을 만들고 보여준 프로그램입니다. 뭔가 쌓아간
다는 의미가 돌의 영원성과 변함없음에 기대는 기도의 마음이 아닐
까 싶습니다. 나와 세상의 안녕을 기원하는 치유의 마음으로 돌탑을
쌓으면 좋겠습니다.

비석치기

으흠! 내가 대통령~

돌탑 쌓기

진행 방법	치유 효과
❶ 참가자를 두 팀으로 나눈다. ❷ 팀별로 한 줄로 서게 한 뒤 방법을 안내한다. ❸ 다음과 같이 일곱 단계가 있음을 알려준다. 　- 멀리서 내 비석 던져 세워둔 비석 맞히기. 　- 발등에 올리고 한 발로 콩콩 뛰어가 던져 　 맞히기. 　- 무릎 사이에 끼우고 콩콩 뛰어가 맞히기. 　- 배에 올리고 걸어가 떨어뜨려 맞히기. 　- 가슴에 올리고 걸어가 떨어뜨려 맞히기. 　- 머리에 올리고(떡장사 자세) 허리를 구부린 　 뒤 망(돌) 맞히기. 　- 머리에 올리고 허리를 구부리지 않은 채 　 떨어뜨려 망 맞히기. ❹ 단계마다 한 사람씩 릴레이로 진행하고, 어 　느 팀이 먼저 끝내는지 본다. ❺ 망을 모아 공동의 탑을 쌓는다. ＊ 주변에 돌이 많을 경우, 개인별로 누가 가장 높은 탑을 쌓는지 겨룬다.	◆ 비석치기는 여러 근육을 사용 하는 놀이이므로, 많은 근육의 스트레칭과 운동이 가능하다. ◆ 놀이와 운동을 동시에 해서 재미있다. ◆ 어릴 적 놀이로 동심의 치유 효과가 있다. ◆ 놀이로 생긴 친밀감을 통해 즐거운 시간을 이어갈 수 있다. ◆ 몰입과 집중으로 명상의 효 과가 있다. ◆ 주의 사항 : 돌을 사용하므로 다치지 않도록 조심한다.

무궁화 꽃이 피었습니다

어릴 때 '무궁화 꽃이 피었습니다' 놀이를 많이 했습니다. 매일 똑같은 놀이를 하는데도 재미있었으니 참 신기한 일입니다. 이 놀이는 '무궁화 꽃이 피었습니다'를 건강과 숲의 치유에 맞게 만들었습니다. 어린 시절에 하던 놀이라 익숙하고, 건강을 위하는 일을 지시하니 모두 잘 따라 합니다. 지시에 따를 때 비틀거리기도 하고 다른 이들과 비교하면서, 자신의 노화나 건강 상태를 체크하는 기회가 됩니다.

중심 잡기는 간뇌를 발달시킨다는 데 중점을 뒀습니다. 간뇌는 도파민과 베타엔도르핀, 옥시토신, 세로토닌 등 호르몬을 포함한 신경전달물질의 생성을 촉진하니 습관처럼 하면 면역력 향상에 좋습니다.

진행 방법	치유 효과
❶ 진행자가 앞에 서고, 모두 '무궁화 꽃이 피었습니~' 구령에 맞춰 따라오라고 알려준다. ❷ '무궁화 꽃이 피었습니~' 구령까지 걸어오고, '~다!' 구령에는 구령에 맞는 몸을 만들면서 멈춘다. ❸ 각 구령의 끝에 구령하는 모습을 따라 하라고 알려주고, 쉬운 순서로 진행한다. 예) '무궁화 꽃이 피었습니~ 양팔 옆으로!' → '무궁화 꽃이 피었습니~ 왼 다리로 서!' → '무궁화 꽃이 피었습니~ 오른 다리로 서!' → '무궁화 꽃이 피었습니~ 팔 옆으로 들고 오른 다리로 서!'	◆ 한 다리로 중심 잡기는 노화 정도를 예측할 수 있다. ◆ 계속 훈련하면 노화 예방이 가능한 놀이다.

솔방울 구슬치기

'구슬치기' 하면 담벼락 옆 양지쪽에서 놀던 그림이 떠오르는 걸 보니 나는 구슬치기를 겨울철에 많이 한 모양입니다. 구멍에 구슬을 넣고 내 손의 구슬을 힘차게 던져 밖으로 나온 구슬이 내 구슬이 되는 놀이가 특히 재미있었습니다. 그때 세게 던지던 기분은 지금 생각해도 속이 시원합니다. 홀짝도, 세게 쳐서 따먹는 구슬 놀이도 내가 좀 잘했습니다. 남동생이 제 것을 다 잃고 와서 구원 요청을 하면 신나게 다 따주던 추억이 있습니다.

우리는 솔방울로 어린 시절 구슬치기하듯 앉고 일어나고, 구부리고 던지며 웃고 떠듭니다. 몸과 마음의 운동에 고향 뒷산의 소나무 숲도 따라오니 동심에 젖는 치유 놀이가 됩니다. 동그라미를 바닥에 그리고 그 안에 집어넣는 놀이도 재미있습니다. 생각보다 솔방울이 마음대로 되지 않습니다. 구슬과 달리 어디로 튈지 예측이 안 되거든요. 그러다 보니 더 재미있습니다.

진행 방법	치유 효과
❶ 두 팀으로 나눈다. ❷ 솔방울을 한 사람에게 네 개씩 나눠준다. ❸ 출발선을 긋고 적당한 거리를 정한 뒤, 과녁을 팀별로 두 개 그린다. ❹ 동그라미 안에 솔방울을 넣는다. 이때 솔방울을 각자 두 개만 쓴다. ❺ 많이 넣는 팀에게 손뼉을 쳐준다. ❻ 나머지 솔방울 두 개로 동그라미 안에 있는 솔방울을 쳐서 밖으로 꺼낸다. ❼ 많이 꺼낸 팀에게 손뼉을 쳐준다.	◆ 동심의 치유 효과가 있다. ◆ 솔방울을 만지면서 자연스러운 촉각 자극이 가능하다. ◆ 다양한 운동과 스트레칭이 가능하다. ◆ 즐겁고 행복한 활동 결과가 여러 치유 효과로 연결된다.

피톤치드 솔잎 주사 놀이

스킨십과 같은 촉각은 미각과 함께 사람이 태어나 처음 만난 편안한 감각입니다. 촉각은 외부 물질을 매개로 한 인지가 아니라 단지 느낌이라는 점에서 '줄기 감각' '원초적 감각'이라고도 합니다. 그만큼 마음을 치유하는 효과가 크지요. 되도록 모든 활동에 스킨십을 넣는 게 치유에 좋은 이유입니다.

진행 방법	치유 효과
❶ 두 명씩 짝을 짓는다. ❷ 솔잎을 한 줌 주워 붓 모양으로 만든다. ❸ 솔잎 냄새를 맡게 하고, 숲의 치유 물질인 피톤치드에 관해 이야기해준다. ❹ 한 사람은 눈을 감고, 다른 사람은 솔잎으로 주사를 놓듯 눈 감은 사람의 손등이나 팔 안쪽을 꼭꼭 누른다. ❺ 주사를 놓은 사람은 눈 감은 사람의 심장 소리가 들릴 정도로 가까이에서 꼭 안아준다. ❻ 주사를 놓은 사람이 눈 감은 사람의 귀에 대고 "사랑해, 건강해야 해" 등 하고 싶은 이야기, 그동안 하지 못한 이야기를 해준다. ❼ 역할을 바꿔 진행한다.	◆ 자연물과 자연스럽게 접촉한다. ◆ 가족과 친지 간에 자연스럽게 대화하며 유대가 깊어진다. ◆ 가족과 친지 간 애정을 확인하고, 스킨십의 치유 효과가 있다. ◆ 숲의 좋은 점을 안다. ◆ 지압 효과가 있다.

쓰담쓰담 마음비

스스로 하는 스킨십도 치유에 작용하는 효과는 같다고 합니다. 덴다 미츠히로는 피부를 '제3의 뇌'라고 했습니다. 피부는 발생학적으로 신경계와 그 기원이 같습니다. 피부는 배아의 세포층(외배엽, 중배엽, 내배엽) 가운데 외배엽에서 만들어지는데, 뇌도 이와 같습니다. 외배엽 끝이 부풀어 뇌와 척수가 만들어지고, 눈·코·입·귀 같은 감각기관이 만들어지며, 남은 부분이 피부가 됩니다. 기원이 같은 신경계와 감각기관, 피부는 행동 양식도 뇌와 흡사합니다. 이것이 피부를 제3의 뇌라고 하는 이유로, '사랑받은 세포는 암에 걸리지 않는다'는 말이 무슨 뜻인지 이해가 됩니다.

마음비로 자기 몸을 쓰다듬으며 "사랑해, 건강해야 해" 등의 이야기를 합니다. 함께 온 가족이나 친지 간에 서로 '쓰담쓰담' 하면서 "사랑해, 건강해야 해, 미안해" 등 하고 싶은 이야기나 그동안 하지 못한 이야기를 해도 좋습니다. 솔잎으로 만든 비라서 피톤치드의 치유 효과도 있을 겁니다. 이런 체험을 한 사람들은 솔비를 다시 바라보고, 솔잎을 더 주워 소중히 가져가기도 합니다.

솔가지 마음비는 향기와 더불어 마음을 쓰다듬는 치유에 좋다.

진행 방법	치유 효과
❶ 솔잎을 한 줌(약 30개) 손에 잡고 가지런히 만든다. ❷ 솔잎 다발을 고무줄로 묶는다. 이때 통째로 떨어진 솔가지를 사용해도 좋다. ❸ 솔잎 냄새를 맡게 하면서 숲의 치유 물질에 관해 이야기한다. ❹ 마로니에가 있으면 고무줄로 묶은 솔잎 다발을 마로니에 잎자루 구멍에 넣어 빗자루처럼 만든다. ❺ "괜찮아, 다 괜찮아, 좋아질 거야" 하며 솔잎 빗자루로 자기 가슴과 배, 다리를 쓰다듬는다. 이때 아프거나 신경 쓰이는 부위를 집중해 쓰다듬는다. ＊ 집으로 가져가 힘들거나 수고했을 때 자신을 위로하는 도구로 쓴다. 집에서 소나무 향기를 맡으며 치유의 기억을 떠올릴 수 있다.	◆ 자신이나 가족, 친지와 자연스럽게 대화하면서 유대가 깊어진다. ◆ 자신에 대한 사랑, 가족과 친지 간 애정을 확인한다. ◆ 면역력이 향상된다. ◆ 피톤치드 같은 숲의 치유 물질에 대해 안다.

동그라미 안에 스트레스 가두기

싹-잎-꽃-열매를 거쳐 솔방울이 만들어지기까지 시간의 가치를 유추하고, 내 시간과 대비하고, 나에게 이입해 생각해보세요. 그것이 마음으로 들어가고 마음을 움직이게 한다는 점에서 치유 효과는 더 커질 것입니다.

진행 방법	치유 효과
❶ 현재 자신에게 어떤 스트레스가 있는지 생각하고, 각각의 스트레스에 순서를 정한다. ❷ 각자 스트레스 해소 방법을 이야기한다. ❸ 스트레스 숫자만큼 솔방울이나 나뭇가지를 줍고, 땅에 동그라미를 그린다. ❹ 스트레스를 가둔다는 생각으로 동그라미 안에 나뭇가지나 솔방울을 정성껏 던져 넣는다. * 대상에 따라 거리를 조절한다.	◆ 손을 바꿔 집어넣는 방법으로 다른 쪽 팔의 운동감각을 자극해도 재미있다. ◆ 집중의 몰입 효과가 있다. ◆ 주의 사항 : 안전한 곳에서 실시한다.

동그라미에 신발 던지고 맨발로 춤추기

신발 던지기 놀이는 엄마한테 혼나면서도 참 재미있었습니다. 신발을 벗어 던지고 맨발로 다녀도 아무렇지 않고 신났던 걸 보면 아이는 아이, 자연과 만나는 일이 신나기만 한 걸 보면 아이는 역시 자연입니다. 신발은 발의 고단함을 덜어주지만, 땅earth과 나를 분리하는 물건이기도 합니다. 신발을 벗고 아이가 되고 자연의 마음이 되는 것, 신발의 의미를 생각하며 진행하면 좋습니다.

진행 방법	치유 효과
❶ 참가자를 두 팀으로 나눈다. ❷ 바닥에 동그라미를 그리고, 적당한 거리에 출발선을 정한다. ❸ 팀별로 순서를 정하고, 한쪽 신발을 벗어 목표 지점을 향해 던진다. ❹ 신발은 떨어진 자리에 두고, 한 발로 콩콩 뛰어다닌다. ❺ 나머지 신발도 던지고 자연스럽게 맨발로 다닌다. ❻ 한 줄로 앞사람 허리를 잡아 뱀 모양을 만들고, '오른발을 들고, 왼발을 들고, 앞으로 갔다 뒤로 갔다 콩콩콩~' 노래에 맞춰 꼬리잡기해도 좋다. ❼ '고향의 봄' 같은 노래에 맞춰 몸을 두드리면서 기분 내키는 대로 자유롭게 춤추며 마무리한다. * 신발에 솔방울을 올려놓고 솔방울을 던지는 방법으로 해도 된다.	◆ 맨발로 자연 일부가 된 느낌, 신선함과 상쾌함을 맛본다. ◆ 스트레스 해소와 운동 효과가 있다. ◆ 어린 시절에 놀던 느낌의 치유 효과가 있다.

나뭇가지 멀리 던지기 (욕망 버리기)

숲에는 나뭇가지가 널렸습니다. 누가 자르고 부러뜨린 게 아닙니다. 더 높이 오르기 위해 나무 스스로 자기 몸을 떨군 흔적입니다. 욕망을 버린 흔적을 드니, 그 자체로 치유를 들고 진행하는 프로그램인 셈입니다. 성장이란 아픔과 비움을 따라오는 것임을 알고, 내 욕망의 어떤 가지를 쳐야 할지 생각하고, 욕망을 던진다는 마음으로 진행하면 좋습니다. 나뭇가지가 그렇고, 솔방울이 그렇고, 돌멩이가 그렇고… 나를 가르치는 스승이 어디나 계시니 숲은 참 좋은 곳입니다.

진행 방법	치유 효과
❶ 인근에서 길이 20cm 이내 나뭇가지를 세 개씩 줍고, 가지마다 버리고 싶은 마음을 담는다. ❷ 가지가 'V 자'로 벌어진 나무 앞에서 그 사이로 나뭇가지를 힘껏 던진다. ❸ 가지 사이에 집어넣은 나뭇가지가 각자 몇 개인지 세어본다. ❹ 나이나 수준에 따라 거리를 조절해 반복한다. * 마음이 시원해질 때까지 던져도 좋고, 소원이 이뤄지는 마음으로 진행해도 좋다. * 이 놀이는 소원을 기원하는 우리 민족의 전통 놀이다.	◆ 스트레칭 효과, 자연물을 만지면서 촉각을 자극하는 효과가 있다. ◆ 사람들의 장난기를 허용 범위 내로 들여오며 스트레스 해소 효과를 줄 수 있다. ◆ 주의 사항 : 되도록 숲 안쪽을 향한 나무를 정해 사고를 예방한다.

웃음 치유 놀이

2

프로이트는 "웃음과 유머는 부정적 감정을 지우는 탁월한 도구"라고 했습니다. 카잔차키스도 조르바를 통해 "악마가 가장 싫어하는 것이 웃음과 유머"라고 말합니다. 요즘 우리를 괴롭히는 악마는 누굴까요? 단연 질병이나 그 병의 원인이 되는 스트레스일 겁니다.

우리 몸에서 표정을 만드는 얼굴 근육은 뇌 신경과 직접 연결됩니다. 표정을 보고 그 사람의 기분을 알 수 있는 것은 이 때문입니다. 웃음과 같이 체온을 올리는 활동은 면역력을 키우고, 기쁨으로 이어지는 부교감신경 반사 활동입니다. 거꾸로 억지웃음이 기분을 바꾸기도 합니다. 웃는 근육이 움직일 때 뇌는 좋은 일이 있는 것으로 판단해 치유 물질을 분비하기 때문입니다. 손뼉 칠 때도 같은 효과가 나타납니다. 그러나 뇌전증, 녹내장, 임플란트 시술을 한 경우나 석 달 이내에 유방암 수술을 받은 경우, 갑상샘 절제술 후, 호흡기 질환이 있는 경우에는 웃음 치유 놀이를 금합니다.

'뒤센 미소의 비밀'이라고 했나요? 기욤 뒤센은 광대뼈와 눈꼬리가 활짝 웃는 진짜 웃음을 만든다는 걸 발견했고, 폴 에크만은 이런 웃음을 '뒤센 미소'라고 이름 붙였습니다. 뒤센 미소는 심호흡하는 효과가 있습니다. 인디애나주 메모리얼병원은 10초 동안 활짝 웃으면 이틀을 더 산다는 연구 결과를 발표했습니다. 언뜻 계산해도 활짝 웃는 것만으로 내 수명을 10~20년 연장할 수 있다는 말입니다. 더불어 그 시간을 건강하게 살 테니 웃음만으로 인생의 궁극 목표인 행복을 만들 수 있을 겁니다. 뒤센 미소의 비밀은 바로 행복을 가져오는 것입니다.

자식이 잘되면 먹지 않아도 배가 부르다는 말이 있습니다. 이는 의학적으로 설명이 가능한 말입니다. 행복감이 쾌감 중추를 자극하면 렙틴이 분비됩니다. 렙틴은 식욕 중추의 활동력을 낮아지게 해 입맛이 떨어지니 결과적으로 다이어트 효과가 나타납니다.

반대로 우울하거나 행복하지 않으면 대사율이 떨어져 점점 뚱뚱해진다고 합니다. 살이 많이 찐 사람이 많이 먹어서 살이 찌는 게 아닙니다. 웃음과 박수, 긍정적인 생각을 일상화해서 스트레스와 질병을 날려 보내야겠습니다.

종류	진행 방법	치유 효과
바보 웃음 놀이	❶ 두 사람씩 짝을 짓는다. ❷ 짝과 가위바위보 한다. ❸ 진 사람은 이긴 사람에게 두 손가락 곤장을 친다. ❹ 이긴 사람은 맞고 나서 좋다고 웃는다. ❺ 제일 신나게 웃는 팀에게 상을 준다.	◆ 심리적 긴장이 풀려 스트레스 치유와 심호흡한 효과가 있다. ◆ 웃을 때 턱 근육운동은 뇌와 흉선을 자극해 면역계 활동을 증진한다. 웃을 때 나오는 침은 면역글로불린 성분이 평상시보다 4000배나 많다고 한다.
하하하 크게 웃기 놀이	❶ 하나-둘-셋-넷-다섯-여섯의 순서로 열까지 말한다. ❷ 일-이-삼-사-오-육의 순서로 십까지 말한다. ❸ 이 둘을 섞어, 하나-이-셋-사-다섯-육-일곱-팔의 순서로 돌아가면서 말한다. ❹ 계속 돌아가다가 틀리는 사람은 "내가 왜 이러나~" 말하고, "하하하" 오래 웃는 벌을 준다.	◆ 특히 갱년기 남녀에게 적당하다. ◆ 주의 사항 : 치매가 진행되거나 나이가 많은 분은 성취하지 못한 데 실망감이 들 수 있으니 신중하게 진행한다.

운동이나 춤을 추면서 하는 치유 놀이

3

우리 집 부엌 창으로 보이는 안테나 꼭대기에는 아침마다 새들이 날아옵니다. 맨 먼저 까치가 다녀가면 비둘기가 오고, 그 뒤를 이어 딱새나 박새가 앉았다 갑니다. 그게 반갑고 고마워 나는 녀석들이 날아들 때마다 눈웃음을 짓습니다. 나의 아침은 새들과 인사하며 시작됩니다.

요즘은 까치가 조금 늦게 날아옵니다. 겨울이라 날이 늦게 밝아서 그런가 보다 하면서도, '어찌 아침인 줄 알고 와서 인사하네' 싶어 반갑습니다. 우리의 아침을 열어주는 새들이 기특합니다. 그런데 정작 새들의 아침을 깨우는 건 나무랍니다. 아침 해에 반응하는 나무의 작은 기지개가 나뭇가지를 잡고 자던 새에게 전해지면서 그 떨림으로 날이 밝은 줄 알고 일어난다는 겁니다. 겨울에는 해가 늦게 뜨니 나무가 일어나는 시간이 늦어지고, 그래서 새들이 우리 집 앞에도 늦게 찾아온 모양입니다. 새의 세상은 나무의 작은 떨림에서 시작되고, 나의 아침은 새들의 지저귐에서 시작되니 다 고맙고 신기합니다.

나무의 떨림이 세상의 아침을 열 듯, 몸의 움직임이 내 모든 걸 바꿉니다. 작은 떨림이 세상을 움직이게 한다는 걸 생각하면 내 몸의 움직임이 나를 바꾸는 건 어쩌면 당연한 일인지도 모르겠습니다.

춤추거나 노래하는 민족은 행복한 민족이라고 하지요? 그렇다면 행복해서 춤출까요, 춤춰서 행복해질까요? 아마 둘 다일 겁니다. 기분이 좋으면 엉덩이를 들썩거리기도 하고, 덩실덩실 춤추기도 하지만, 춤춰서 가라앉은 기분이 한결 좋아지기도 합니다. 노래도 그렇습니다. 쓸쓸하고 막막할 때 젊은 시절에 즐겨 부른 노래를 잔잔히 읊조리다 보면 언제 그랬냐는 듯 기분이 좋아집니다. 누군가 내 일에 어깃장을 놓으며 딴지 걸 때, 노래방에 가서 한껏 노래하고 흔들고 나오면 속이 다 풀리기도 합니다.

이렇듯 몸을 움직여 기분을 바꾸는 습관은 중요합니다. 내 삶에 아름답고 멋진 길을 만드는 습관이기 때문입니다. 이 습관으로 내 머리에 즐거움으로 가는 진한 신경망이 만들어지고, 이 길로 세상 시름이 빠져나가기 때문입니다. 이것이 춤과 노래의 치유 효과입니다.

아무 걱정 없던 어린 시절에는 남의 눈치 안 보고 엉덩이춤을 덩실덩실 추곤 했는데, 어쩌다가 춤을 잃어버렸는지 아쉬운 마음이 듭니다. 솔직한 성격이 많이 바뀐 것 같습니다. 영성이 충만한 시대에는 시와 노래, 춤이 늘 사람과 함께 했다는데 그들을 다시 찾아와야겠습니다. 가끔 어린 시절로 돌아가 걱정 없이 즐겨봐야겠습니다. 그러나 완전 오락 쪽으로나 단체 워크숍의 파이팅처럼 흐르지 않도록, 그때마다 자신을 바라보는(觀) 자세는 잃지 말아야겠습니다.

숲이나 들에서 간단히 아이가 될 수 있는 춤이나 움직임을 적어봅니다. 앞에 소개한 '나팔꽃 체조' '지팡이 체조' '손뼉 빨리 치기' '한쪽 다리 들고 중심 잡기' 같은 프로그램을 편집해서 진행해도 좋습니다.

거울 돼보기

'거울 돼보기(미러링)'는 네가 하는 대로 내가 따라 하고, 내가 하는 대로 네가 따라오는 놀이입니다. 상대의 움직임에 집중하고 눈빛을 교환하며 진행하니 사랑과 만족감, 신뢰, 짝이 된 느낌이 듭니다. 부부나 연인, 친한 동료 등 믿음을 확인하거나 삶의 거울이 되고 싶은 사람들이 진행할 때 효과가 좋습니다. 서로에게 집중한 결과 멋진 하모니를 만들어내는 걸 보면서 네게 집중하고 움직였을 뿐인데 도리어 내가 행복해진다는 걸 깨닫습니다. 이때의 느낌과 태도가 일상으로 연장될 수 있습니다.

쑥스러워 선뜻 나서지 못하던 사람도 시작하고 나면 의외로 간단하고 쉽다는 걸 알게 됩니다. 따라 할 뿐인데 누가 봐도 호흡이 잘 맞는 춤을 추는 것처럼 생각되므로 편하고 즐겁습니다.

진행 방법	치유 효과
❶ 두 사람씩(태교 부부, 갱년기 부부, 연인 등) 짝을 짓는다. ❷ 한 사람을 리더로 정하고, 리더가 하는 행동을 다른 사람이 따라 한다. ❸ 처음에는 그 자리에서 하고, 점차 움직이면서 몸동작을 바꾼다. ❹ 역할을 바꿔 실시한다.	◆ 집중의 명상 효과가 있다. ◆ 스트레칭의 운동 효과가 있다. ◆ 심신 이완 효과가 있다. ◆ 상대에게 유대감이 든다. ◆ 행복감이 든다. ◆ 주의 사항 : 안전한 곳에서 하고, 태교 부부는 무리하지 않는다.

따라 하는 것뿐인데 호흡이 잘 맞는 춤을 추는 듯 보인다.

딱따구리 명상 춤

숲 어디에서나 딱따구리의 흔적은 찾기 쉽습니다. 딱따구리는 참 특이하고 신기한 친구입니다. 나무줄기에 수직으로 붙어서 머리와 입을 망치 삼아 나무를 두드려대고 그 안의 벌레를 꺼내 먹고 삽니다. 구멍을 크게 만들고 그 안에서 새끼를 키웁니다.

나는 지금까지 딱따구리가 만든 구멍이 찌그러진 것을 본 적이 없습니다. 컴퍼스로 그린 듯 아주 동그랗습니다. 딱따구리 크기에 따라 구멍 크기가 다르고, 덩치에 따라 구멍 파는 소리도 다릅니다. 덩치가 큰 까막딱따구리나 큰오색딱따구리가 큰 나무를 두드려댈 때는 온 산이 울리기도 합니다.

그것이 먹고사는 문제만이 아니고 때로 짝을 찾는 구애의 신호고, 가족을 만들기 위한 수고로움이라고 생각하면 참 아득합니다. 그래서 산중의 스님들이 딱따구리를 '목탁새'라고 하셨을까요? 그 속에 든 삶의 의미와 깊이에 우리 생의 깨달음과 길이 있다는 생각이 들기도 합니다. 이런저런 생각을 하면서 내가 딱따구리가 된 듯 춤춘다면 그것이 명상이고 진정한 춤이 아닐까 싶습니다.

이런 것을 이해하지 못하는 아이들에게도 딱따구리는 신기하고 재미있는 친구입니다. 딱따구리만으로도 어느 어른보다 춤에 집중하면서 즐길 수 있습니다.

새끼가 자라서 떠난 둥지나 묵은 둥지를 선택해 딱따구리 이야기를 한 뒤 진행합니다. 새끼들이 자라는 둥지일 경우, 인기척이 어미가 스트레스를 받을 정도가 되면 둥지를 떠난다고 하니 말입니다.

딱따구리 명상 춤

딱따구리 명상 춤은
아이들이 특히 좋아하고,
스스로 춤을 만들어가며 즐긴다.

진행 방법	치유 효과
❶ 안전한 곳에 둥글게 선다. ❷ 딱따구리가 나무 파는 흉내를 내본다. ❸ '딱따구리 한 마리가 망치질을 합니다, 뚝 딱뚝딱 뚝딱뚝딱 / 딱따구리 두 마리가 망치 질을 합니다, 뚝딱뚝딱 뚝딱뚝딱' 노래를 여섯 마리가 될 때까지 반복한다. ❹ 한 마리에서는 딱따구리가 머리로 나무 파 고, 두 마리에서는 오른팔과 머리로 나무를 파고, 세 마리에서는 왼팔까지, 네 마리에 서는 왼 다리까지, 다섯 마리에서는 오른 다 리까지, 여섯 마리에서는 엉덩이까지 온몸 으로 딱따구리가 둥지 파는 흉내를 낸다. ❺ 격식 없이 자유롭게 춤을 춘다. ＊ 아이들이 잘 따라 하고, 어른들도 잘한다.	◆ 흉내 내는 것이 춤이 되므로 쉽게 춤출 수 있다. ◆ 기분이 좋아져 스트레스 치유 효과가 있다. ◆ 운동과 스트레칭 효과가 있다. ◆ 주의 사항 : 안전에 유의한다.

서서 하는 진동 치유(머리·어깨·무릎·발 체조)

머리 어깨 무릎 발 무릎 발

머리 어깨 무릎 발 무릎 발

머리 어깨 발 무릎 발

머리 어깨 무릎 귀 코 귀

초등학교에 입학해서 친구들과 함께 선생님이 하는 체조를 열심히 따라 한 생각이 납니다. '머리·어깨·무릎·발 체조'가 일어섰다 앉았다, 팔을 올렸다 내리면서, 귀를 만지고 코를 만지면서 누구나 쉽게 할 수 있는 전신운동이라는 걸 이제야 알았습니다.

노래에 맞춰 하기 쉬운 전신운동이니 갱년기를 지난 사람들에게 좋습니다. 내 몸을 구석구석 바라보고 각각의 소중함을 알고, 내 몸에 고마워하는 프로그램으로 진행하면 특히 치유 효과가 있습니다. 어린이에게 좋고, 어른도 쉽게 따라 하니 아들, 손자, 며느리, 시부모 등 온 가족 치유 프로그램에서 재미있게 진행할 수 있습니다.

진행 방법	치유 효과
❶ 둥글게 선다. ❷ '머리 어깨 무릎 발' 노래를 몇 차례 부르고, 그 부위를 짚는다. ❸ 노래 부르다가 '발' 순서에 다른 부위를 지명한다. ❹ 틀린 사람이 술래가 돼서 노래를 부르며 진행한다. ❺ 틀린 사람이 술래가 돼서 다시 시작하고, 이를 반복한다.	◆ 준비운동으로 좋고, 스트레칭 효과가 있다. ◆ 인지 자극 효과가 있다. ◆ 내 몸의 소중함을 안다. ◆ 혈액순환에 도움이 된다.

춤추면서 하는 진동 치유

음악은 나라가 유일하게 허락한 마약이라고 합니다. 사랑받은 세포는 암에 걸리지 않는다는 말도 있습니다. 장은 기분을 좋게 만드는 면역 호르몬을 가장 많이 분비해서 제2의 뇌라고 합니다. 피부도 제3의 뇌로 불립니다.

온몸과 배를 두드리며 자신을 사랑하는 동작은 유용 미생물이 기분 좋게 분비되고 활동할 수 있도록 온몸과 장을 자극합니다. 음악과 동작을 적절히 사용해 내 몸을 사랑하는 것이 마약에 취한 듯 기분 좋게 하면서 면역력을 증진하는 길입니다. 갱년기 여성들과 잔디밭에서 진행하면 그분들이 원해서 몇 번씩 더 하기도 합니다.

진행 방법	치유 효과
❶ 평편한 곳에 편하게 둘러선다. ❷ '고향의 봄'을 부르면서, 노래에 맞춰 손뼉-뒷덜미-가슴-배 순서로 북을 치듯 두드린다. ❸ 노래를 2회 정도 반복하면서 몸에 진동 자극을 준다.	◆ 진동으로 혈액순환을 자극한다. ◆ 내 몸을 어루만지며 사랑하는 치유 효과가 있다. ◆ 장운동을 활발하게 한다. ◆ 음악과 노래의 치유 효과가 있다.

앉아서 하는 진동 치유(쓰담쓰담 두드림)

두드림 명상이라고 부르기도 하는 내 몸 두드리기는 피부 감각으로 제3의 뇌를 자극해, 사랑받은 세포는 암에 걸리지 않는다는 '세포 기억설'에 근거를 둔 이완 요법입니다. 사랑하는 마음으로 내 몸을 쓰다듬는 것은 치유 효과에서 다른 사람에게 받는 스킨십 못지않다고 합니다. 그렇지요, 누가 사랑해주기를 바라지 말고 내가 사랑하면 되지요. '쓰담쓰담 두드림'은 앉아서 하는 내 몸 사랑 두드림 명상으로, 이완의 치유 효과가 있습니다. 장소는 어디나 상관없지만, 특히 숲에서 진행하기 좋습니다.

내 몸 사랑 두드림

진행 방법	치유 효과
❶ 숲이나 잔디밭 조용한 자리에 매트를 깔고 둘러앉는다. ❷ 두드림 명상의 좋은 점을 안내하고 따라 하도록 한다. ❸ 머리(백회) - 목(림프샘) - 팔·손(앞뒤로) - 겨드랑이 - 가슴 - 심장 - 배(세로토닌) - 등(신장) - 사타구니 - 다리(뻗고 세우고) - 발바닥(용천) 순서로 두드린다. ❹ 가부좌나 반가부좌로 대상이나 조건에 따라 눈을 감고 명상으로 진행해도 좋다. ❺ 명상으로 진행할 때는 아름다운 시나 명상 구절을 들려주면서 숲 명상에 들어간다. ❻ 종을 치면 명상을 마친다. ❼ 마지막으로 팔을 'X자'로 두르고 "수고했어, 사랑해" 하면서 나를 안아준다.	◆ 스트레스를 관리해 고혈압, 당뇨, 불안 장애, 우울증에 좋다. ◆ 스트레칭과 촉각 자극, 마음 열기 효과가 있다. ◆ 반복 실천으로 건강해진다. ◆ 심신이 이완되면서 행복감이 든다. ◆ 내 몸에 관심을 갖고, 사랑하는 계기가 된다. ◆ 주의 사항 : 주의를 집중해 자기를 들여다보고, 자신을 사랑하는 마음을 격려하기 위해 천천히 진행한다.

쉬운 치유 춤(나무 되어 흔들리기, 바람 춤추기)

언젠가 인도의 시골 장터에서 벌어진 일입니다. 노래라기보다 천둥벌거숭이 아이들이 제멋에 흥얼대고, 어른 여럿이 웅얼대는 소리가 들려왔습니다. 하늘의 소리 같기도 하고, 문명 이전 사람들이 하늘에 드리는 기도 같기도 해 원초적인 느낌이었습니다. 그 소리에 이끌려 따라갔습니다. 시장 초입에 세워진 트럭 짐칸 스피커에서 장단이 흘러나오고, 사람들이 거기에 맞춰 웅얼대며 제멋대로 춤추고 있었습니다.

가슴의 당김인지, 영혼의 당김인지 신기하게 참 흡인력이 있었습니다. 나도 모르게 그 가락에 맞춰 몸을 움직였으니까요. 숫기가 없는 편이고 춤에는 젬병인 내게 있을 수 없는 일이었습니다. 그리고 생각했습니다. 그동안 내가 젬병이라고 생각하게 만든 춤은 모두 가짜 춤이라고, 몸이 아니라 영혼이 추는 게 진짜 춤이라고 말입니다. 다음에 소개하는 자연의 춤이 진짜 춤, 아이들의 춤이 아닐까 싶습니다.

종류	진행 방법	치유 효과
나무 되어 흔들리기	❶ 나는 바람 부는 들판에 있는 나무라고 생각한다. ❷ 많이 흔들리면 큰 나무, 조금 흔들리면 작은 나무이니 큰 나무가 되고 싶으면 많이 흔들려야 한다고 말해준다. ❸ 나무이므로 움직이거나 자리를 바꾸지 않는다. ❹ 머리, 팔, 다리, 몸통을 춤추듯 움직인다. ＊ 흔들리지 않고 자라는 나무는 없다. 나무는 흔들리기에 우뚝 설 수 있음을 알고, 나무 사랑하는 마음을 갖는다. ＊ 바람을 견디는 나무의 입장이 돼서 나와 비교한다.	◆전신운동으로 긴장 완화 효과가 있다.
바람 춤추기	❶ 되도록 넓고 편한 장소를 선택한다. ❷ 내가 바람이라고 상상한다. ❸ 바람이 흐르듯 여기저기 다닌다. ❹ 잎을 흔드는 작은 바람, 나뭇가지를 흔드는 바람, 뿌리째 흔드는 바람, 골목에 부는 바람 등을 생각하며 춤춘다.	◆ 심신을 이완하는 데 도움이 된다. ◆ 스트레칭 효과가 있다.

❺ 춤을 추다가 바람이 멈추듯 쉰다. ＊ 바람은 자유의 다른 이름이다. 바람을 자유에 대입해 진행할 때, 더 자유롭고 풍요로운 움직임이 된다.	

노래 부르다가 모습 만들기

어릴 때 많이 한 놀이입니다. 어린 시절에 한 놀이다 보니 익숙하고, 어른들도 추억에 젖어 잘 따라 합니다. 아이들이 특히 좋아하는 놀이입니다. 다음에는 선생님이 누구를 구령하실까 집중하고, 자신이 좋아하는 동물을 주문하기도 합니다.

진행 방법	치유 효과
❶ 부딪히지 않을 만큼 편하게 선다. ❷ '둥글게 둥글게' 노래에 맞춰 자유롭게 율동을 한다. ❸ 노래 도중 '나비, 메뚜기, 삼각형, 동그라미' 등을 구령한다. ❹ 모습이 만들어지면 그대로 멈추고 서로의 모습을 바라본다. ＊ 마음 열기 프로그램으로도 좋다.	◆ 아이들이 좋아하고, 움직이기를 불편해 하는 어른의 마음을 여는 효과가 있다. ◆ 어른들도 동심이 있으며, 동심으로 행동할 때 행복하다는 걸 알 수 있다. ◆ 주의 사항 : 안전한 곳에서 하고, 불편해 하는 사람에게 강요하지 않는다.

짝을 정해서 하는 치유 놀이

4

'금수저' 팔자가 있고 '흙수저' 팔자가 있다지만, 팔자가 정해진 게 아니라 성격이 팔자라는 말 또한 틀리지 않은 듯합니다. 성격대로 살면서 삶의 방향이 내 행동이나 습관 쪽으로 결정되고 흐를 것이기 때문입니다.

요즘 같은 세상에는 착하면 손해 본다고 말하기도 말합니다. 그러나 착한 끝은 있어도 악한 끝은 없다는 말이나, 가까이 보면 착한 사람이 손해고 악한 사람이 잘사는 것 같아도 멀리 보면 늦게라도 그 벌은 반드시 받는다는 말이 나는 참 좋습니다. 당연하지요. 그래야 착하고 약한 사람이 억울하지 않으니까요. 그래야 세상이 따뜻해지고, 우리 아이들이 살기 좋은 세상이 되니까요.

그런데 나도 사람인지라 나를 모를 때가 있습니다. 늘 마음을 들여다보면서 내 마음이 일그러진 모양일 때를 알아차려야겠습니다. 나도 내 아이들이 사는 세상이 마음 편하고 따뜻해져서 내 팔자 또한 좋은 세상에 있기를 바라니까요.

사랑은 내보낼 때 더 많은 치유 에너지가 생긴다고 합니다. 사랑을 내보낼 때가 바로 내 안의 사랑과 착한 마음을 스스로 바라보고 확인할 수 있는 시점이기 때문입니다. 그런데 사랑은 그 안에 내가 있으면 사랑이 아니더라고요. 내가 그 안에 없을 때 상대가 그것을 사랑이라고 느끼더라고요. 나를 비워 공이 되지 않으면 사랑으로 전해지지 않더라고요. '나를 비울 때 비로소 치유 에너지가 생긴다, 우주가 무너지지 않는 것은 우주가 공空으로 가득하기 때문이다, 공의 실체가 바로 사랑이다'라는 말이 무슨 뜻인지 알 것도 같습니다.

우주가 공으로 가득하다는 말도 안 되는 말을 현대 과학이 증명했습니다. 공이 우주가 한 치의 오차도 없이 순행하게 하는 힘이고, 사랑이고 모성이며, 플라톤의 선한 에이도스입니다. 결국 공과 에이도스는 같습니다. 선한 세상으로 바꾸는 내 안의 에이도스를 꺼내 바라보고, 에이도스와 닮은꼴이 되기를 지향하는 '너와 나의 치유 놀이'를 소개합니다.

호오포노포노 치유 놀이

'호오포노포노Ho'oponopono 치유'란 자기 내면을 돌아보고 정화함으로써 타인을 치유한다는 개념으로, 정식 명칭은 셀프 아이덴티티 스루 호오포노포노Self Identity through Ho'oponopono, SITH입니다. 하와이어인 호오포노포노는 호오(목표)와 포노포노(완벽함)의 합성어로, '완벽을 목표로 수정하는 것' '잘못을 바로잡는 것'을 뜻하지요. 하와이 주술사 모르나 나라마크 시메오나가 전통 하와이 방식을 수정해 사용했고, 이하레아카라 휴렌 박사가 자기 치유 수행법으로 발전시켰습니다.

전통 기법은 종교 지도자가 용서와 화해를 위해 문제 해결의 중재자로서 역할을 했으나, 시메오나는 개인이 직접 신성 혹은 신의 지혜에 연결하는 방법을 제시합니다. 자아를 우하네Uhane(어머니, 의식), 우니히피리Unihipili(내면의 아이, 무의식), 아우마쿠아Aumakua(아버지, 초의식), 신성한 존재Divinity로 구분하고, 한 사람 한 사람이 내면에 있는 신성의 지혜와 연결해 본연의 삶으로 돌아갈 수 있다고도 말합니다. 시메오나와 현재의 방식은 수행을 통해 문제의 원인이 되는 기억을 해방하고자 합니다.

호오포노포노의 '미안합니다, 나를 용서해주세요, 감사합니다, 사랑합니다'를 되뇌다 보면 사랑할 이유가, 미안할 이유가, 용서받아야 할 이유가, 감사할 이유가 생기는 신기한 경험을 하게 됩니다. 그러면

진행 방법	치유 효과
❶ 가족이나 친구 혹은 두 사람이 짝지어 가위바위보 한다. ❷ 이긴 사람이 진 사람에게 "사랑합니다"라고 말한다. ❸ 진 사람은 "왜?"라고 묻고, 상대방은 답을 하면서 대화를 이어간다. ❹ 다시 가위바위보 하고 '용서하세요 - 감사합니다 - 미안합니다' 순서로 질문과 답을 하면서 이어간다. ❺ ①~④를 3회가량 진행하고, 서로 안아준다.	◆ 가족, 친구 간 사랑을 확인하거나 화해하는 기회가 된다. ◆ 심신을 이완하고, 행복감이 든다. ◆ 서로 진정성 있게 이어질 수도 있지만, 장난기와 웃음으로 이어질 수도 있다. 그러나 모두 치유 효과가 있다.

문제는 해결된 겁니다. 스스로 치유한 셈이지요. 호오포노포노 치유는 이와 같은 원리로 진행합니다.

눈으로 말하고 마음 맞히기

집중하면 말없이도 마음을 주고받고, 즐겁게 놀 수 있습니다. 이는 교감이 잘되는 개와 주인을 보면 알 수 있습니다. 도를 통하기 위한 수련으로 견공처럼 하라는 말이 있습니다. 개가 온 정신을 주인에게 집중하듯 하면 도를 통할 수 있다는 뜻입니다. '눈으로 말하고 마음 맞히기'는 집중으로 교감하면서 상대를 알고 신뢰할 수 있다는 걸 깨닫는 체험입니다.

진행 방법	치유 효과
❶ 두 명씩 짝짓는다. ❷ 정해진 구간을 말없이 걷는다. 부부나 가족은 손잡고 걷는다. ❸ 눈으로 말하고 눈으로 답한다. ❹ 정해진 길을 걸어 목표 지점에 왔을 때, 서로 눈을 맞춘 의미를 이야기한다. ❺ 눈을 맞춘 결과 마음이 얼마나 통했는지 서로 맞혀본다.	◆ 사람에게 집중하는 정도를 점차 늘리는 체험이다. ◆ 믿음의 즐거움을 안다. ◆ 말없이 걷는 동안 짝이나 반려의 의미를 생각한다. ◆ 웃음이 나올 수 있으나 치유의 측면이 있으므로 괜찮다.

문득 치유 놀이 (자연 선물하기)

동물과 다르게 사람은 감각의 80%를 시각에 의존합니다. 그만큼 감각에 대한 오해나 편견이 생길 수 있고, 다른 감각을 잃은 상태로 살거나 다른 감각이 주는 기쁨을 놓치고 사는 것이라고도 할 수 있습니다. 눈을 가리면 촉각이나 후각, 청각 등 다른 감각이 살아납니다. 감각 물질이 많은 숲에서는 더 잘 느껴집니다. 그러나 시각에 의존하는 습관과 반응 때문에 상당히 불안합니다.

'문득 치유 놀이'는 시각 외 감각을 자극하고, 옆 사람을 통해 눈이 보이지 않는 불안을 지지받고 위로받으면서 고마움을 느끼는 프로그램입니다. 옆 사람은 눈을 가린 사람을 인도하고 걸으면서 파트너에게 어떤 자연의 선물을 줄까, 어떤 아름다움을 선사할까, 어떤 것이 내 마음을 잘 표현할 수 있을까 생각합니다. 그러니 열심히 보고 찾아야 합니다. 그러다가 내가 생각하는 훌륭한 대상이 나타나면 그 자리에 멈춰서 파트너가 천천히 눈을 뜨게 합니다. 안내에 따라 멈춰서 눈을 뜬 파트너는 아름다운 선물과 만납니다. 문득 만난 선물은 감동이 더 큽니다.

눈을 가린 사람은 보이지 않는 것에, 눈을 뜨고 걷는 사람은 보이는 것에 집중합니다. 두 경우 모두 집중해야 한다는 점에서 명상과 정화의 측면이 있습니다. 시각 위주의 생활로 배제되는 다른 감각의 중요성과 고마움을 체험하는 계기도 됩니다. 치유에서 고마움의 체험은 중요합니다.

짝을 정해서 하는 문득 치유 놀이.
되도록 편안한 길에서 진행하는 게 좋다.

문득 치유 놀이

진행 방법	치유 효과
❶ 두 명씩 짝짓고 프로그램 진행 방법을 알려준 다음, 둘이 활동 구간을 한 바퀴 돌게 한다. ❷ 한 명은 눈을 가리고, 한 명은 눈을 뜬다. ❸ 눈을 뜬 사람은 눈을 가린 사람을 인도한다. ❹ 눈을 뜬 사람은 걷는 동안 가장 아름답다고 생각하는 모습이나 풍경 앞에 멈춰서 상대의 눈을 뜨게 한다. 그것이 내 마음의 선물이다. ❺ 눈을 가린 사람은 인도하는 사람을 믿고 정해진 길을 가는 동안 숲의 소리와 냄새, 느낌에 집중한다. ❻ 역할을 바꿔 진행한다. * 내가 주고자 하는 선물이 무엇인지, 문득 나타난 풍경의 어떤 것을 선물로 받고 싶은지 묻고 마음을 알아가도 좋다.	◆ 눈을 가린 사람과 안내하는 사람 모두 자연의 여러 느낌에 집중한다. ◆ 앞이 보이지 않는 사람의 불안감이나 불편함을 느낀다. ◆ 서로 믿음을 확인하고, 상대의 고마움을 느낀다. ◆ 집중을 통한 정화와 치유 효과가 있다.

여럿이 하는 치유 놀이

5

🌿　　　　　몸의 움직임은 교감신경을 활성화해 몸과 마음을 즐겁게 합니다. 고요함은 부교감신경을 활성화해 영혼을 행복 쪽으로 움직이게 합니다. 여럿이 있을 때는 몸과 마음이 행복해지고, 혼자 있을 때는 영혼이 행복해진다는 것도 이와 비슷한 맥락입니다. 그러나 몸의 행복과 영혼의 행복은 별개가 아니라는 점에서 몸의 즐거움을 위한 놀이나 운동이 중요합니다.

솔방울로 숫자 쓰기

숲에는 솔방울이 지천입니다. 나는 솔방울이 무심히 발길에 밟히는 게 참 마음 아팠습니다. 솔방울이 할 일을 마치고 저리 굴러다니게 되기까지 시간에 대한 생각 때문입니다. 그 안에 뜨겁고 목마르고 흔들리고 추운 시간이 들었을 겁니다. 함부로 구르는 비움에는 그 시간을 지나 씨앗을 모두 날려 보내고 흙으로 돌아가고자 하는 빈 마음이 있을 겁니다. 그 모습이 우리 어머니나 할머니 같기도 하고 다가 올 내 모습 같기도 해, 밟히는 그들을 숲으로 던져주고 반듯하고 특이하게 생긴 친구들은 집으로 가져옵니다.

그들은 팔찌가 되기도 하고, 부엉이나 달팽이로 태어나기도 합니다. 우리 몸과 마음을 따뜻하게 치유하기 위한 도구가 되기도 합니다. 버려진 생명, 돌아간 생명의 마음을 들여다보면서 그들과 마주할 때, 그 시간의 힘이 내게 들어오고 그때 우리는 치유에 한층 더 다가갈 수 있습니다.

진행 방법	치유 효과
❶ 체조 대형으로 부딪히지 않게 선다. ❷ 양팔을 가능한 한 벌리고, 솔방울로 1부터 10까지 숫자를 크게 쓴다. ❸ 숫자를 크게 쓰도록 격려하고, 누가 가장 크게 쓰는지 찾는다. ❹ 손을 바꿔서 해본다. ＊ 방법이 쉬워 누구나 할 수 있다. ＊ 눈을 감고 해도 좋다. ＊ '솔방울 박수 치유 놀이'로 이어간다.	◆ 손바닥 지압 효과가 있다. ◆ 온몸을 최대한 뻗으면서 하므로 스트레칭 효과가 있다. ◆ 안 쓰던 팔 근육을 사용한다. ◆ 자연스럽게 전신운동을 하면서 심호흡 효과가 있다.

솔방울 박수 치유 놀이

솔방울은 비에 젖으면 단단하게 오그라들어 길쭉해집니다. 이는 나무에 매달렸을 때, 그러니까 아직 명이 남았을 때 솔방울의 습관입니다. 비 올 때 솔방울 비늘조각 사이사이에 있는 씨를 날려 보내면 잘 날아가지 못하고, 빗물에 쓸려 내려가 제구실을 못 할 것을 염려하는 어미의 마음이지요. 이 성질을 이용해 집 안의 습도를 측정하고 조절하는 데 이용하기도 합니다.

5년 전, 어머니가 돌아가시고 슬픔이 채 가시기 전에 비 내리는 숲을 산책했습니다. 그때 숲 바닥에서 자신의 씨앗을 꼭 잡은 솔방울을 바라보고 '어머니도 내 걱정을 하시겠구나' 싶어 어머니가 늘 내 옆에 계신다는 위로를 받았습니다. 솔방울을 손에 쥐고, 솔방울의 마음을 들여다보며 내가 즐겁게 살기를 바라는 어머니의 마음이라고 생각하면 놀이가 더 재미있을 것입니다.

넓은 잔디밭에서 맨발로 하면 발바닥 지압 효과를 얻고, 아이와 같은 마음이 될 수 있습니다. 그만큼 나를 내려놓는 효과가 있으니 치유의 효과가 클 것입니다. 손바닥을 부딪쳐 손뼉 치는 효과를 가져오기도 합니다.

솔방울 손뼉 치기

진행 방법	치유 효과
❶ 손에 잡기 좋은 솔방울을 하나씩 나눠준다. ❷ 위로 던지고 받는 것을 보여준다. ❸ 함께 해본다. ❹ 공중에 솔방울을 던지고 받기 전에 손뼉을 한 번 친다. ❺ 손뼉 치는 횟수를 두 번, 세 번 늘리면서 솔방울을 받는다. ❻ 손뼉 치는 횟수를 늘릴 수 있도록 연습한다. ❼ 함께 솔방울을 던진다. 이때 솔방울을 떨어뜨린 사람은 자연스럽게 탈락한다. ❽ 맨 마지막까지 남은 사람, 손뼉을 가장 많이 치고 솔방울을 받은 사람을 칭찬한다. * 흙이 고운 땅이나 잔디밭에서는 맨발로 하도록 권한다. * 숨을 고르고, 기념으로 가져가기 위해 편하게 앉아 '솔방울 팔찌 만들기'로 이어가도 좋다.	◆ 집중 효과가 있다. ◆ 솔방울을 던지고 받으면서 촉각 효과가 있고, 손뼉 치면서 혈액순환을 자극한다. ◆ 자연스럽게 전신운동을 한다. ◆ 맨발로 하면 맨발 걷기와 발바닥 지압 효과가 있다.

예명 이어 부르기

별명이 다른 사람들이 붙여주는 나의 다른 이름이라면, 예명은 내가 붙이는 나의 다른 이름이 아닐까 싶은데 대강 맞았습니다. 사전을 찾아보니 예명藝名은 '예술 분야에 종사하는 사람이 본명 외에 따로 지어 부르는 이름'이고, 별명은 '사람의 생김새나 성격 따위의 특징을 가지고 남들이 본명 대신 지어 부르는 이름'이라고 합니다. 필명은 주로 글을 쓸 때 사용하는 이름입니다.

대학 때 내 별명은 애기도깨비였습니다. 친구들 말이 도깨비같이 이상한 짓을 하는데, 그리 밉지 않아서라고 합니다. 나의 예명은 쪽정이입니다. 쪽정이에는 미리 떨어져 자기 일을 제대로 못 한 쪽정이가 있고, 할 일 모두 마치고 버려진 쪽정이가 있습니다. 전자는 그들의 희생이 남은 것들을 단단하고 알차게 만드는 힘이 됐을 테고, 후자는 자기 생의 숙제를 무사히 마친 흔적입니다. 그러니 쪽정이는 모두 훌륭합니다. 내가 예명을 쪽정이로 정한 데는 그들의 공로를 위로하고, 세상의 쪽정이들이 얼마나 소중한 존재인지, 쓸모없음의 쓸모가 무엇인지 알았으면 좋겠다는 마음이 있습니다.

'예명 이어 부르기'는 자신을 어떻게 생각하는지 알 수 있는 놀이입니다. 인간에 대한 이해는 소통을 가져오고, 소통은 인간의 사회적 욕구를 채워주면서 치유를 가능하게 할 거라는 점에서 괜찮은 놀이로 보입니다. 자신을 설명하는 과정에 스트레스도 해소될 겁니다.

예명 이어 부르기

진행 방법	치유 효과
❶ 다섯 명 정도씩 팀을 만든다. ❷ 각 팀이 둘러앉아 자기 예명을 말하고, 뜻을 설명한다. ❸ 손뼉과 무릎을 치면서 앞사람의 예명을 부르고 자기 예명을 이어 부른다. ❹ '오솔길, 항아리, 풍뎅이, 참나무, 봄동산'이라는 예명이 모였다면, 먼저 시작하는 사람이 "오솔길 만세!"라고 자기 예명을 말한다. ❺ 다음 사람은 "오솔길, 항아리 만세!"라고 말하고, 그 다음 사람은 "오솔길, 항아리, 풍뎅이 만세!"라고 말한다. ❻ 이와 같은 방법으로 "오솔길, 항아리, 풍뎅이, 참나무, 봄동산 만세!"라고 이어 부른다. ❼ 두 팀으로 나눠 진행하며, 빨리 마친 팀이 이긴다. * 프로그램 시작 시 아이스 브레이킹으로 실시해도 좋다.	◆ 인지 자극으로 치매 예방 효과가 있다. ◆ 손뼉을 치면서 기분이 좋아지고, 혈액순환에 도움이 된다. ◆ 예명을 설명하면서 자기에 대해 말할 기회가 되므로, 자기 홍보나 스트레스 해소 효과가 있다. ◆ 상대를 이해해서 친밀감이 든다. ◆ 주의 사항 : 암기하지 못해 부끄러워할 수 있으니 대상자 수준에 맞춰 팀 인원을 조절한다.

발북 놀이

아유르베다에서는 내가 만든 소리를 내가 듣는 게 영혼의 치유에 좋다고 말합니다. 대표적인 예가 혼자 부르는 콧노래입니다. 혼자는 리듬을 만들지만, 여럿이 움직일 때는 하모니가 됩니다. 하모니는 함께 해냈다는 만족감의 치유 효과가 있습니다.

'발 북 놀이'는 내가 만든 소리를 들으면서, 여럿이 이룬 하모니로 치유 효과를 기대합니다. 발 북은 '발로 치는 북'입니다. 땅이나 덱을 발로 쿵쿵 울려댑니다. 북을 치면서 잠자는 내 마음을 깨운다는 기분으로 쿵쿵 두드립니다. 내가 해보니 속이 시원해서 치유가 많이 되는 것 같습니다.

진행 방법	치유 효과
❶ 덱이나 흙 위와 같이 평편하고 발 구르기 좋은 곳에 모인다. ❷ 한 팔 간격으로 둘러선다. ❸ 하나(오른발 구르기)-둘(왼발 구르기)-셋(오른발 구르기)-넷(왼발 구르기) 순서로 반복하며, 다 같이 구령에 맞춰 제자리걸음을 연습한다. ❹ '하나·둘·셋·넷' 중 '넷'에서 한 발 앞으로 갔다가 제자리로 돌아온다. ❺ 다음은 '넷'에서 손뼉을 두 번 치고 제자리로 돌아온다. ❻ 다음은 '하나·둘·셋'까지 손뼉을 치고, '넷'에는 소리 내지 말고 손뼉만 두 번 치면서 제자리로 돌아온다. ❼ 이렇게 4의 배수에 소리 내지 말고 손뼉만 치면서 20까지 계속한다. ❽ 소리 내지 않고 손뼉만 치는 자리를 대상 수준에 따라 3의 배수로 바꿔가면서 난도를 높여 계속한다. ＊ 대상의 수준만 맞추면 누구나 편하게 할 수 있는 놀이다.	◆ 손뼉을 치며 손바닥을 자극하고, 혈액순환이 좋아진다. ◆ 머리에 좋은 일이라는 암시를 주는 박수의 치유 효과가 있다. ◆ 몸과 마음의 면역력을 증진한다. ◆ 주의 사항 : 북을 치듯 힘차고 속이 시원하게 발을 굴려야 하므로, 한산한 곳에서 진행한다.

의좋은 형제 놀이

모두 잠자는 달밤에 형제가 볏단을 옮깁니다. 동생은 형의 낟가리에, 형은 동생의 낟가리에 자기 볏단을 얹습니다. 아침에 일어나면 볏단이 줄지 않고 매일 똑같습니다. 형제는 자신의 낟가리가 줄어들 때까지 밤마다 볏단을 나릅니다. 그러다가 어느 날 달밤에 형제가 마주칩니다.

'의좋은 형제 놀이'는 내 것을 많이 가져다주는 사람이 이깁니다. 많이 주는 사람이 이기고 적게 주는 사람이 지는 놀이니까, 많이 주는 연습으로 좋겠지요? 사랑을 많이 주는 사람이 이기는, 우리가 날라주는 낙엽이 형제의 볏단처럼 따뜻한 마음이면 좋겠습니다.

진행 방법	치유 효과
❶ 참가자를 두 팀으로 나눈다. ❷ 동그라미를 그리고, 자기 팀 동그라미 안에 낙엽을 채운다. ❸ "시작~" 소리와 함께 자기 팀 낙엽을 상대 팀 동그라미로 옮긴다. ❹ 2~3분간 시간을 정해 활동을 하고, "그만" 신호에서 동그라미 안 낙엽이 적은 팀이 이긴다.	◆ 게임이기 때문에 힘든 줄 모르고 하면서도 운동 효과가 좋다. ◆ 동심으로 돌아갈 수 있다. ◆ 상대에게 주는 것이 내가 이기는 것임을 체험한다.

옆 사람에게 자연물 옮기기

동요 '퐁당퐁당'을 부르면 손 위로 시원한 물이 흐르는 기분이 듭니다. 멀리서 빨래하는 아낙들이 보이는 것도 같습니다. 동요를 부르며 손뼉 치니 향수에 젖고, 동심으로 빠져드는 효과가 큽니다. 노래와 동작을 함께 해 치유 효과를 가져오기 좋은 놀이입니다.

진행 방법	치유 효과
❶ 둥글게 서거나 앉는다. ❷ 모든 사람의 왼손에 열매나 돌 등 각각 다른 자연물을 쥐어준다. ❸ '퐁당퐁당' 노래와 함께 무릎을 쳐가면서 왼손의 자연물을 오른손으로 옮겨 오른쪽 사람에게 전달한다. ❹ 한 바퀴 돌면 손을 바꿔서, 오른손에 자연물을 쥐고 왼쪽으로 돌아가며 실시한다. ❺ 옆구리가 많이 스트레칭 되도록 움직이라고 안내한다. ❻ 두 팀으로 나눠 자연물을 놓치는 팀이 지고, 빨리 마치는 팀이 이기는 것으로 해도 재미있다. ❼ 이기는 팀에게 손뼉을 쳐준다. * 자기 손에 들어온 자연물 이름을 맞히는 놀이를 해도 좋다.	◆ 서로 손을 치기도 하고, 자연물을 잡아 혈액순환에 도움이 된다. ◆ 스트레스 해소 효과가 있다. ◆ 스킨십 효과가 있다. ◆ 거리를 적당히 넓히면 옆구리 스트레칭 효과가 있다. ◆ 친밀감과 협동심이 생긴다.

향기 식물로 후각 체험하기

향기는 세상에 존재하는 오감 물질 가운데 몸과 가장 가까운 거친 감각 물질이고, 우리 몸이 가장 받아들이기 쉬운 물질이지요. 냄새는 눈에 보이지 않으나 입자 형태로 공기 중에 있으면서 실체보다 먼저 우리에게 자기 존재를 알립니다. 우리가 냄새를 만나자마자 아는 것은 냄새 분자가 대뇌변연계를 자극하기 때문입니다. 숲에 들어가면 제일 먼저 숲 내음이나 식물의 향기를 느끼고, 즉시 감동하는 것도 같은 이유지요. 향기 분자가 인체에 유입되면 자율신경계의 교감신경이 진정되고, 부교감신경이 항진됩니다. 그 결과 신체의 안정과 면역 체계를 활성화하는 것이 향기의 특징이고, 아로마테라피의 치유 기전입니다.

자연에서 거름과 같은 냄새를 접할 때 우리는 얼굴을 찌푸리기도 하지만, 혈압이나 맥박의 변화 등 스트레스 상태의 생리적 변화가 나타나지 않습니다. 자연 유래 향이 우리 몸에 해롭지 않다는 걸 아는 무의식의 저장 정보에 따르기 때문입니다. 몸이 무의식의 저장 정보에 따라 해롭지 않은 것으로 판단하고 반응한다니, 자동차의 매연이나 공장의 화학물질 냄새가 암 같은 질병이나 아토피를 만드는 물질이 되는 것이 이해가 갑니다. 숲은 향기의 천국입니다. 이는 숲이 치유의 천국이라는 말과 같습니다.

식물의 일생은 어쩌면 애벌레와 투쟁하는 일생일 겁니다. 애벌레가 식물의 실제적인 일꾼인 잎을 뜯어 먹고 해를 끼치기 때문입니다. 식물은 애벌레를 쫓기 위해 줄기에 털이나 가시를 만들고, 냄새 물질도 뿜어냅니다. 피톤치드는 애벌레나 식물의 병균을 쫓아내고, 사람 몸의 병균에 약이 됩니다. 식물이 모여 사는 숲은 치유의 천국, 맞습니다.

진행 방법	치유 효과
❶ 산초나무 깃꼴잎을 2장씩 나눠준다. ❷ 깃꼴잎에 붙은 홑잎 13~21장 가운데 5장 정도만 남기고, 나머지 8~16장은 떼어서 구겨 콧구멍에 꽂는다. ❸ 2명씩 짝지어 가위바위보 한다. ❹ 남은 홑잎 5장을 진 사람이 이긴 사람 얼굴에 붙여가며 잎이 없어질 때까지 게임을 한다. * 방법이 간단하고 쉬워 누구나 할 수 있다. * 얼굴에 잘 붙도록 산초나무 잎에 물을 살짝 뿌리거나 선크림을 묻힌다. * 산초나무 잎에 곤충 기피 성분이 있으므로, 여름 숲에서는 이긴 사람이 혜택을 받는다.	◆ 숲을 즐긴다. ◆ 자연에서 생명이 하는 역할을 배운다. ◆ 향기를 통한 치유, 코 막힘과 벌레 퇴치 등 실제적인 효과가 있다. ◆ 주의 사항 : 식물을 무분별하게 채취하거나 함부로 취급하지 않도록 해당 식물이 하는 일, 배울 점 등을 충분히 이야기하고 시작한다.

솔가리로 치유하기

피톤치드 성분은 방충·항균 작용을 하고, 특히 바늘잎나무에서 많이 분비되는 것으로 알려졌습니다. 죽은 식물로 구성된 숲의 흙에도 우리 몸의 건강에 이로운 성분이 있다는 게 신기합니다. 흙 속에 다량 존재하는 마이코박테리움 바카이라는 미생물은 체내의 세로토닌 분비를 늘려 마음에 안정을 가져오고, 면역력을 증진합니다.

'솔가리로 치유하기' '의좋은 형제 놀이'는 흙 놀이의 효과를 기대할 수 있습니다. 아이들이 토양을 피해서 생기는 병이 아토피라는 우스갯소리가 흘려들을 말은 아닙니다. 우리 아이들이 숲에서 이런 놀이의 재미를 많이 알았으면 좋겠습니다.

솔가리 가져오기

솔가리 침대 명상

흙 놀이

솔가리로 둥지 만들기.
둥지 만들 자리를 아이들이
선택하도록 하는 게 좋다.

진행 방법	치유 효과
❶ 솔숲이나 잣나무 숲에서 진행한다. 늘푸른나무의 피톤 치드 치유에 관해 이야기하고 시작한다. ❷ 두 팀으로 나눈다. 가족끼리 해도 좋다. ❸ 두 팀 앞에 떨어진 솔잎을 모아놓고, 솔잎 가운데 나뭇 가지를 꽂는다. ❹ 가위바위보 해서 이긴 팀이 솔가리를 자기 잎으로 가져 온다. ❺ 번갈아 진행한다. ❻ 나뭇가지를 쓰러뜨리는 팀이 진다. ❼ 나뭇가지를 많이 가져온 팀이 이기는 것으로 두 번째 승부를 결정한다. ❽ 게임이 끝나면 솔가리를 깔거나 덮고 편하게 쉰다. ❾ 솔가리를 이용해서 아이들이 원하는 모양으로 둥지를 만들어도 좋다.	◆ 떨구기 때문에 자 라는 나무, 버려진 생 명이 한 일에 대해 생 각한다. ◆ 자연을 자연스럽게 만지면서, 자연은 지 저분한 것이 아님을 안다.

만들면서 치유하기

6

꽃은 대부분 규칙적인 문양이 있습니다. 이를 만다라 문양이라고 하는데, 바라보기만 해도 자연스럽게 묵상에 빠져드는 효과가 있어 명상에 많이 쓰입니다.

국화과 식물의 학명 *Asteraceae*는 '별'을 뜻하는 고대의 그리스어 aster에서 유래한 단어로, 꽃 모양이 별을 닮았기 때문에 이런 이름이 붙었습니다. 그 자체로 치유의 문양이지요. 재난을 뜻하는 disaster 역시 어원이 같으며, '별aster이 사라진dis 상태'를 말합니다. 망망대해에서 북극성을 기준으로 길을 찾던 오래전의 항해에서 비롯한 단어입니다. 북극성이 사라져 길을 찾을 기준이 없어지니, 길을 잃고 떠도는 재난의 상태가 된 것입니다.

해바라기처럼 만다라 형상인 꽃을 보며 내 인생에서 북극성 같은 기준은 무엇일까 생각하는 것은 내면을 성찰해 치유의 시간을 갖는 활동이 될 수 있습니다. 지상의 꽃을 통해 하늘의 별에 이르는 것도 승화, 동심과 닮은 치유가 될 것입니다.

티베트 불교에서는 인간을 '빛과 공간으로 이뤄진 만다라'라고 말합니다. 인간은 애초부터 치유의 형상을 띤 완전한 존재이니, 본래의 나를 찾기만 하면 된다는 겁니다. 균형 잡힌 만다라 형상을 바라보는 치유의 가치를 알고 이를 조직화해 활용함으로써 몸과 마음의 치유와 평안을 유도할 수 있습니다. 잘 익은 솔방울도 장미꽃 모양 만다라 형상입니다. 솔방울 자체가 꽃이기 때문입니다. 솔방울의 형상을 치유로 연결할 때, 솔방울을 사용한 만들기도 좋은 치유 프로그램이 될 것입니다.

솔방울 팔찌 만들기

여러 가지 솔방울로 만드는 팔찌와 목걸이

솔방울 팔찌

진행 방법	치유 효과
❶ 솔방울, 종이 끈, 가위를 준비한다. ❷ 솔방울의 일생에 대해 간단히 이야기한다. ❸ 솔방울에 가지가 붙었던 흔적을 깨끗이 다듬는다. ❹ 종이 끈을 90cm 길이로 자르고, 반으로 접는다. ❺ 반 접은 종이 끈을 3~4cm 간격으로 3회 매듭짓고, 솔방울을 사이사이에 끼운다. ❻ 솔방울이 빠지지 않도록 바짝 당겨 맨다. ❼ 남은 종이 끈을 다시 3~4cm 간격으로 3회 매듭짓는다.	◆ 손과 손가락 지압 효과가 있다. ◆ 자연물을 통해 향수에 젖고, 동심을 느낀다. ◆ 솔방울의 일생을 통해 생명의 소중함과 수고로움을 배우고, 나와 내 이웃의 소중함을 생각한다. ◆ 자세히 보면 모든 생명은 아름답다는 것을 알 수 있다. ◆ 만들기에 집중하면서 몰입의 명상 효과가 있다.

* 솔방울을 구하기 쉬우므로 종이 끈만 있으면 어디서나 가능한 프로그램이다. 체험 활동 선물로도 좋다. 길게 엮어 목걸이를 만들 수도 있고, 어린이 팔찌를 만들 때는 메타세쿼이아나 낙엽송 솔방울을 사용한다. * '솔방울 박수 치유' 같은 놀이에 이어서 하거나, 소나무 아래에서 하면 좋다.	◆ 주의 사항 : 솔방울의 거친 부분에 다치지 않도록 잘 다듬는다.

칡 잎 만다라 놀이

우리나라에는 칡이 참 많습니다. 숲 가장자리 양지바른 곳이면 어디서나 잘 자랍니다. 칡이 숲을 덮은 듯 보이니 다른 나무를 다 죽인다고, 이러다 숲이 없어지겠다며 걱정하는 분도 계십니다. 칡은 햇빛을 특히 좋아하는 친구라서 숲 50m 안쪽으로 들어가 살지 못한다니, 칡이 숲을 망가뜨릴 순 없습니다. 이제 칡을 미워하지 마시기 바랍니다. 칡이 숲 가장자리에 자라서 '칡 잎 만다라 놀이'를 하기 좋습니다.

고려 말기에 수많은 보물을 싣고 일본으로 가다가 좌초한 중국의 보물선이 1975년 신안 증도 앞바다에서 발견됐습니다. 이때 보물 3만여 점을 묶은 끈이 대부분 칡으로 만든 것이었다고 합니다. 오랫동안 바닷속에 있었는데도 보물을 잘 보관한 걸 보면 칡은 끈을 만들기 좋은 재료 같습니다.

칡 잎이 만다라가 됐습니다. 칡 끈이 신안 앞바다의 보물을 잘 잡은 것처럼, 칡 잎 만다라가 우리 마음의 보물을 오랫동안 잡고 치유로 남으면 좋겠습니다.

진행 방법	치유 효과
❶ 칡 잎을 한 장씩 나눠준다. ❷ 칡 잎을 절반씩 4~5차례, 가운데 꼭짓점이 생기도록 우산살 모양으로 접는다. ❸ 원뿔 모양으로 접힌 칡 잎을 이로 자근자근 물어 무늬를 만든다. ❹ 한꺼번에 펼쳐서 각각 다른 모양을 감상하고, 서로 칭찬해준다. ❺ 내가 만든 칡 잎 만다라를 나누기 시간에 찻잔 받침으로 사용하고, 기념으로 가져간다. ＊ 시작하기 전에 칡이 하는 일, 칡에게 배울 점 등을 이야기해준다. ＊ 칡은 식용이 가능한 콩과 식물임을 알려줘, 이로 무늬를 내는 데 거부감을 줄인다.	◆ 마음을 모으면 더 아름다운 것이 만들어진다는 걸 알 수 있다. ◆ 내가 만든 모양의 아름다움에 감동한다. ◆ 방법이 간단하고, 구하기 쉬운 칡 잎을 사용해 숲을 즐긴다. ◆ 주의 사항 : 필요한 만큼 사용하고, 흔한 식물이라도 함부로 훼손하지 않는다.

벌레 먹은 나뭇잎 치유하기

벌레 먹은 나뭇잎을 보면 참 아득합니다. 원하든 원하지 않든 자기 것을 주고 남의 걸 가져온다는 점에서 벌레 먹은 나뭇잎이 우리 모습 같기 때문입니다. 자식에게 날개 하나, 세상으로 향하는 더듬이 하나 만들어주기 위해 모든 걸 주는 우리 부모님이 떠오르기 때문입니다.

내 상처를 들여다볼 때 눈물이 납니다. 나만 아는 그 상처가 얼마나 아팠는지 잘 알기 때문입니다. 우리는 모두 이와 같습니다. 그러나

벌레 먹은 나뭇잎을 잘 말려 코팅한 뒤 그 위에 치유의 마음을 그린다.

벌레 먹은 나뭇잎 치유하기

상처를 치유할 힘도 누구에게나 있습니다. 지금의 나는 그 상처가 남긴 아름다운 무늬일 테니, 내 상처를 어루만지고 아름답게 꾸며봅 시다.

상처를 치유하지 않고 바라보고 싶을 때도 있다.

누구든지 열심히 만드는 게 신기하다.
자신의 치유이기 때문인 듯하다.

진행 방법	치유 효과
❶ 평평하고 편안한 곳에 자리 잡는다. ❷ 벌레 먹은 나뭇잎 코팅한 것을 여러 장 내놓고, 내 상처와 닮거나 치유하고 싶은 나뭇잎을 고르게 한다. ❸ 내 상처를 치유하듯 나뭇잎을 아름답게 꾸민다. ❹ 치유를 끝냈으면 내 상처와 치유의 의미를 이야기한다. ❺ 각자 벌레 먹은 나뭇잎의 마음을 안고, 결과물은 집으로 가져간다.	◆ 내 상처를 들여다보고, 꾸미는 과정에 어떻게 치유할지 생각할 수 있다. ◆ 다른 이의 상처를 내 상처 보듯 연민하는 계기가 된다.

낙엽 치유 놀이

가을 단풍은 힘이 좀 빠지고 빛이 바래 황천을 생각하게 한다는 점에서 비스듬한 가을볕을 닮았습니다. 어쩌면 우리 마음의 모습 같기도 한지, 가을볕에서 우리는 마음 안쪽으로 깊숙이 들어갑니다. 가을은 내 마음을 읽고 적어 내려가기 참 좋은 계절입니다. 단풍을 보며 아름답지 않은 생명은 없다는 걸 새삼 느낄 수도 있습니다.

진행 방법	치유 효과
❶ 단풍 든 잎이나 떨어진 나뭇잎 가운데 마음에 드는 것을 주워 준비하라고 알린다. ❷ 평평하고 편안한 곳에 자리 잡는다. ❸ 오늘 숲의 느낌이나 생각나는 것을 적는다. ❹ 서로 이야기 나눈다. ❺ 잠시 눈을 감고 생각한다. ❻ 결과물은 소중한 마음으로 가져간다.	◆ 생명의 의미와 명을 다한 것의 가치를 생각한다. ◆ 생각을 공유하면서 친밀감이 든다. ◆ 내 느낌을 정리하며 스스로 치유한다.

걷고 사랑하며 춤추기

― 나 바라보기

집안일 하고, 공부하고, 뛰고, 자고… 집안일 하고, 공부하고, 뛰고, 자고… 지난 1년간 내 생활이 이랬습니다. 머리를 쉬어야 하는 시간이 와서였겠지요, 공부하다가 꼭 쉬고 싶은 시간이 찾아왔습니다. 그때 운동을 했습니다. 운동한다고 마땅히 차려입고 나갈 수도 없는 형편이니, 내게 적합한 운동으로 거실에서 가볍게 뛰기를 선택했습니다. 두어 시간에 한 번씩 거실에서 뛰었으니 근 1년을 하루 평균 1만 5000보씩 뛴 셈입니다.

신기하게도 컴퓨터를 들여다볼 때는 알 수 없던 답이 뛰면서 생각났습니다. 내가 내 안에 가득할 때는 보이지 않던 답이 내가 내 안에서 없어지니 보이는 겁니다. 나를 멀리서 바라봐선지, 머리를 비워서 뭔가 넣을 자리가 생겼는지 여하튼 답을 찾고자 뛴 것도 아닌데 말입니다. 뛰면서 그제야 내가 나의 주인으로 돌아온 기분이었습니다.

치유에서 길은 훌륭한 테마가 됩니다. 걷기도 마음으로 들어가는 훌륭한 체험입니다. 숲에는 원래 길이 없었습니다. 걷는 사람이 많아지면서 길이 생긴 겁니다. 길은 나아가는 곳이고 열린 공간으로, 길을 내고자 소망하는 사람들이 만든 공동의 설치 작품입니다.

성경에 "태초에 말씀이 있었다, 말씀이 곧 하나님이다"라고 나옵니다. 공자는 "태초에 길이 있었다, 길은 하늘과 함께 있었다"라고 했습니다. 아유르베다 식으로 보면 말씀은 마음입니다. 물질 중 마음에 가장 가까운 물질을 소리라고 보기 때문입니다. 따라서 "태초에 말씀이 있었다"라는 성경 구절은 "태초에 마음이 있었다"와 같습니다. 어떤 말이건 마음에서 나오는 걸 생각하면 이해할 수 있습니다. 공자의 '길(道)'도 '하늘의 마음'을 가리키는 것입니다.

길은 이렇듯 물리적인 공간뿐만 아니라 희망과 궁극의 상징이기도 합니다. 낮은 곳과 높은 곳을 자유로이 이동하는 물리적 공간으로서 길, 구도의 상징으로서 길에 쉬지 않고 걸어 지금 이 자리에 존재하는 의미를 보탤 때 걷기와 맨발 걷기의 마음 치유 효과가 높아집니다.

숲에는 수많은 소리가 있습니다. 그런데도 숲이 고요하다고 생각되니 참으로 신기한 일입니다. 숲에 머물기만 해도 아프던 마음이 편해지고 맑아지듯이, 치유 또한 그것이 하늘의 소리, 자연의 소리 안에서 머묾이기 때문입니다. 우리가 마음이 허전하고 때로 아픈 것은 숲을 멀리 떠나 자연에서 인간을 분리했기 때문이라는 말은 맞는 말 같습니다. 숲을 떠났다 함은 하늘의 품을 벗어난 것, 길을 잃은 것과 같으니까요. 숲에서 머묾의 물리적·심리적 효과에 걷기의 치유 효과를 보탤 때, 마음과 영혼에 얼마나 큰 위로가 되고 치유가 될지 가늠할 수 있습니다.

말없이 혼자 걷기

1

숲길에서 만난 통나무도, 흐르는 시냇물도 모두 나를 쉬게 하는 어머니입니다. 그 길에서 '잘했어, 잘했어' 나를 쓰다듬고 안아줍니다. 그 길의 수많은 존재가 나를 들여다보도록 했기에 가능한 일일 겁니다.

모름지기 생명으로 태어났다면 언젠가, 누구라도 한번은 기립 박수를 받는 날이 온다지요? 내가 세상 모두에게 기립 박수를 받은 때는 언제일까요? 그런 일이 있었나요? 앞으로 벌어질 일인가요? 온몸 구석구석 꽃으로 가득한 벚나무를 바라보며, 노랗게 우뚝 선 어린 상수리나무에 손짓하며, 어느 날 문득 빛나는 금관이 된 황금빛 마 덩굴에 손뼉 치며… 나도 모르는 사이에, 언젠가! 그날은 오고야 만다는 걸 알게 됩니다. 마치 걷기 위해 태어난 오늘처럼 내 시간을 묵묵히 살아내고 걸어간다면 말입니다.

만개한 벚꽃

꽃이 핀 듯 보이는
어린 상수리나무

가을에 황금빛이 되는
마 덩굴

묵언 산책

혼자서도 잘 산다고요? 좋은 현상입니다. 어떤 이들은 다른 이들과 관계나 익숙지 않은 환경에서 자주 흔들리고 혼란스러워합니다. 이런 경우에는 혼자라서 더 잘 산다는 게 맞는 말 같습니다. 내가 좀 그런 편입니다. 혼자 있을 때 참 편안하고, 비로소 행복을 느끼기 때문이지요. 몸은 여럿이 있을 때 자라고 영혼은 혼자 있을 때 자란다더니, 그 고요함과 침묵이 나를 키우는 모양입니다.

인생길은 산에 오르는 것과 같아, 지금 내가 할 일은 가는 데까지 가는 것이지요. 묵묵히 걷다 보면 어느덧 저 꼭대기에 이를 겁니다. 걷다 보면 걸음이 절로 가벼워지기도 합니다. 막다른 길이 나오면 그 자리에 앉아 쉬면 되지요. 그렇게 쉬다 보면 어디 새 길이 떡 하고 나타나지 않겠습니까? 별은 바라보는 사람의 것이고, 길은 끝나는 곳에서 시작되게 마련이니까요.

진행 방법	치유 효과
❶ 내가 주인이 되는 길을 걸어 내 시간을 끌고 간다는 의미의 걷기 명상을 안내한다. ❷ 비교적 평탄한 숲길에서 발을 들고, 가고, 땅에 놓으며 반복 리듬으로 진행한다. 이때 발뒤꿈치가 먼저 닿도록 걷는다. ❸ 3~5m 간격에 일렬로 인도자를 따라 천천히 말없이 걷고, 도착지에 이르면 매트에 앉아 눈을 감는다. ❹ 온 길을 떠올리며 2~3분간 심호흡으로 호흡을 가다듬는다. ❺ 안내와 함께 누워 하늘을 바라본다. ❻ 걷기를 정리하고 휴식에 도움이 되는 시나 글을 읽어준다. ❼ 잠이 오면 눈을 감고 잔다. ❽ 신호와 함께 천천히 일어난다.	◆ 여러 사람이 나란히 걸으므로 편안하다. ◆ 스트레스 이완 효과가 있다. ◆ 나무와 하늘을 바라보며 향수에 젖는다. ◆ 주의 사항 - 걷는 중 이야기는 삼간다. - 시나 글, 멘트 낭송은 낮고 느린 톤으로 한다. - 안전에 유의한다.

느리게 걷기 (장생보)

우리 삶이 걸음에서 출발하듯, 장생의 시작 또한 걸음에서 나옵니다. 장생보長生步는 옛 선비들의 걸음걸이로, 이렇게 걷는 습관이 수명을 길게 한다고 합니다. 그러나 걸음은 체형을 바꾸고, 바른 체형은 체질과 성격을 바꾸며 인생까지 바꾼다는 점에서 장생보는 아이 적부터 가르쳐야 합니다. 걸음걸이는 올바른 자세와 마찬가지로 꿈을 심어주고 이루게 하기 때문입니다.

장생보는 발바닥의 용천을 누른다는 느낌이 중요합니다. 발가락에 의식을 두고 땅을 움켜쥐듯 발바닥으로 온몸의 무게를 느낍니다. 그때의 힘이 무릎과 고관절, 단전으로 이어져 몸의 중심이 잡히고 가슴과 목, 뇌로 연결되어 뇌를 자극합니다. 점차 몸의 중심이 용천에서 정수리의 백회까지 연결된 느낌이 들고, 머리에 있는 기운이 아래로 내려가 마음이 편안해집니다.

처음에는 어렵지만, 몇 번 반복해서 익숙해지면 수월합니다. 저도 여러분에게 장생보를 알려드리기 위해 반복하다 보니 어느새 몸에 배었습니다. 빈 마음으로 산천을 주유하듯, 마을 뒷산을 산책하듯 느림의 치유로 접근합니다.

장생보

묵언 걷기

비 오는 날 묵언 맨발 걷기

진행 방법	치유 효과
❶ 몸의 중심을 용천에 둔다. ❷ 용천과 단전, 가슴, 뇌가 일직선이 되도록 자세를 잡는다. ❸ 턱은 당기고, 눈은 30m 전방을 바라보고, 가슴과 허리는 곧게 편다. 무릎은 스치듯 하고, 발은 '11 자' 가 되게 걷는다. ❹ 걸을 때는 용천과 발가락에 힘을 준다. ❺ 내 몸과 마음의 주인이 나라는 것, 한 걸음 한 걸음 이 모여 내 인생이 된다는 것을 생각하며 걷는다.	◆ 마음이 편안해져 스트레스 이완 효과가 있다. ◆ 시간과 삶의 의미를 되새긴다. ◆ 주의 사항 : 안전에 유의하고, 소음을 내지 않는다.

발바닥 명상 후 맨발 걷기(어싱)

2

맨발로 처음 숲을 걸은 기억, 그 감동은 지금도 생생합니다. 사람이 자연에서 멀어진 것은 신발을 신었기 때문이고, 신발이 자연과 사람을 분리했다는 말뜻을 알 것 같았습니다. 자연과 내가 하나 된 기분이 들면서 고향을 찾은 듯 가슴 깊이 행복했습니다. 그때 내 발바닥을 처음으로 의식한 것 같습니다.

현대인은 바쁜 일상에서 발바닥을 느낄 일이 많지 않습니다. 걸을 때조차 생각이 온통 머리 쪽으로 쏠려, 발바닥에 관심이 없습니다. 발바닥 치유는 '발바닥과 지구의 만남'이라는 의미를 새기며 진행하는 게 좋습니다.

'눈(雪)이 닿는 지대'라는 뜻에서 설하대雪下帶라고도 부르는 땅바닥은 대체로 0℃를 유지합니다. 여름 숲은 바닥이 시원하고, 겨울 숲은 바닥이 따뜻하게 느껴지는 것도 이 때문입니다. 잎을 단 채 겨울을 나는 식물이 로제트 형태로 바닥에 바짝 엎드리고, 벌레가 겨울 숲 바닥에서 먹이를 찾아 기어 다니는 것 또한 같은 이유입니다.

지구는 맨발로 마주할 때(earthing, grounding) 우리 몸의 정전기를 가져갑니다. 그 결과 혈액순환이 좋아지고, 코르티솔이 균형을 찾지요.

식물이 로제트 형태로
바닥에 붙어 겨울을
날 수 있는 것은
땅의 표면이
0℃에 가깝기 때문이다.

발바닥 명상 후 맨발 걷기

진행 방법	치유 효과
❶ 잔디밭이나 비교적 넓은 곳에서 맨발로 바르게 선다.	◆ 숲에서 휴식하며 스트레스 이완 효과가 있다.
❷ 무릎을 약간 구부리고, 허리를 반듯이 편다.	◆ 발에 고마움이 생기고, 우리 몸의 고마움으로 이어진다.
❸ 발바닥이 바닥에 밀착하는 느낌이 들도록 자세를 잡는다.	
❹ 가만히 발바닥에 집중한다.	
❺ 발바닥으로 몸무게를 느낀다.	◆ 주의 사항 : 방해받지 않도록 묵언으로 진행한다.
❻ 몸무게가 발바닥으로 고스란히 전달되는 감각에 집중한다.	
❼ 땅속으로 의식을 집중하면서 몸을 땅 에너지로 채운다.	
❽ 발바닥을 통해 땅으로 전해지는 내 몸의 무게와 그 무게를 받쳐주는 대지의 힘을 느낀다(우리 장기가 만든 정전기를 지구에 어싱함으로써 양전기를 배출하고 혈액순환을 자극한다).	
❾ 살아 숨 쉬는 내 몸과 생명을 느낀다.	
❿ 5분 정도 침묵하며 땅에서 전해지는 느낌에 집중하고 내 몸과 땅이 하나 됨을 느낀다.	
⓫ 천천히 일어나 잔디밭을 느리게 걷는다.	
⓬ 걷기를 마치고 세족식으로 이어가면 좋다.	

부부 함께 걷기(태교 걷기)

3

가끔 짝과 손잡고 숲길을 걸을 때, 내 삶의 동반자가 새삼스럽습니다. 이런 느낌은 숲 산책의 또 다른 행복입니다. 부부 싸움을 하면 무조건 숲으로 가서 풀라는 말이 있습니다. 사람에게는 숲에서 서로 도와야 한다는 DNA가 있답니다. 숲에서 돕지 않으면 안 되는 DNA가 발동해 언제 그랬냐는 듯 밀고 당기며 상대의 필요와 가치를 느끼니 갈등이 절로 사라집니다. 이것이 본연과 초심을 찾게 하는 숲의 힘입니다.

제주 사려니숲길을 걸은 적이 있습니다. 부부려니 싶은 남녀가 말 없이 차분차분 걸어오는데, 그 느낌이 참 고요했습니다. 점점 가까워져서 보니 남자는 작은 소리로 노래를 읊조리고, 여자는 듣고 있었습니다. 여자의 배가 살짝 불렀습니다. 아기도 노래를 들었겠지요? 내 시간도 그런 때가 있었지요. 생명을 생각하고 앞날의 행복을 희망하는, 소리도 걷는 것도 배에 올린 엄마의 손길도 모두가 기도인… 잊고 있던 내 시간의 모습이 거기에 있었습니다. 눈물이 났습니다. 너무 아름다우면 눈물이 난다는 걸 그때 또 알았습니다.

태교 걷기

진행 방법	치유 효과
❶ 편안한 길에서 진행한다. ❷ 부부가 다른 부부와 10m 정도 간격으로 손잡고 걷는다. ❸ 걸을 때 발뒤꿈치가 먼저 닿는 게 좋다. ❹ 걷기로 치유하는 것에 대해 안내한다. ❺ 평소 좋아하는 노래를 조용히 함께 부르거나 들려주면서 아기와 교감한다. ❻ 쉬고 걷기를 반복하며 편안하게 걷는다. ❼ '태교 걷기'는 배를 쓰다듬으면서 아기에게도 들려준다.	◆ 부부는 일생을 함께 걷는 동반자임을 느낀다. ◆ 평소 못 한 이야기를 자연스럽게 나누면서 부부간 신뢰가 자란다. ◆ 편안하게 숲을 즐긴다. ◆ 내 몸과 시간, 생각에 집중한다. ◆ 나와 똑같이 내 짝을 바라볼 기회가 된다. ◆ 주의 사항 - 다른 커플에게 방해가 되지 않도록 주의한다. - 힘들면 바로 앉아 쉰다.

물 치유

4

물은 인간의 고향이며 생명의 근원입니다. 기독교의 세례나 인도 갠지스강의 풍경에서 보듯, 물은 씻김을 통한 정화의 원초적 의미도 있습니다. 바람 소리, 나뭇잎 소리, 물 흐르는 소리 같은 자연의 소리를 들려준 태아는 그렇지 않은 태아보다 성장 속도가 월등히 빠르다고 합니다. 갓난아이에게 자연의 소리를 들려주면 울음을 그치고 잠든다고도 합니다. 물소리가 가진 원초적인 치유 효과는 의학적으로 자연의 1/f 진동음이 태아나 아기의 자율신경계 균형을 유지하고, 스트레스를 조절하기 때문으로 알려집니다. 자연의 물소리는 듣기만 해도 스트레스를 완화하는 힘이 있습니다.

어릴 적 부정적 메시지 떠나보내기

어릴 적 기억이 참 오래갑니다. 평생에 걸쳐 영향을 주기도 합니다. 백지에 가까운 상태의 기억이다 보니 그 흔적이 더 강하게 남아서겠지요. 부정적 기억일 때 특히 그런 것 같습니다.

남동생은 공부를 잘했습니다. 집중력이 좋아 수업 시간에 들은 것만으로 올 백을 맞았습니다. 그러다 보니 활동적인 스타일이 아닌데도 초등학생 때 반장을 도맡았습니다. 그 동생이 나이 지긋한 여자를 이유 불문 싫어하는데, 특히 나이 지긋한 여자 선생님을 싫어합니다. '극혐' 수준이라 지금도 그때 이야기를 하면 동생답지 않게 흥분하고 욕을 합니다.

초등학교 2학년 때 선생님이 앞으로 나오라고 해서 나갔는데, 느닷없이 뺨을 때리더라는 겁니다. 동생은 선생님이 왜 그렇게 흥분했는지 모르겠다고 합니다. 뭔가에 집중하다가 선생님 말씀을 듣지 못했는데, 선생님은 당신을 무시하는 행동으로 생각한 게 아닌가 싶습니다. 반장이던 동생이 반 친구들이 모두 보는 앞에서 뺨을 얻어맞은 겁니다.

동생은 오랫동안 '그때 선생님이 왜 나를 때렸을까, 왜 한 마디 물어보지도 않았나, 도대체 그때 내가 무슨 잘못을 했을까, 뺨 맞을 만큼 잘못했을까' 생각하며, 어린 시절 이유도 모르고 당한 일을 어른이 되면서 점차 치욕으로 마음에 새긴 겁니다. 이런 느낌은 아이라는 동물이 갖는 본능적 감정이라는 점에서 치욕이 맞을 것 같습니다.

어린 시절의 부정적 메시지는 평생 간다는 점에서 아프지만, 돌이킬 수 없는 일이라는 점에서 보내고 용서해야 합니다. 용서는 나의 내면을 데우는 기도이기 때문입니다. 어쩌면 나도 모르는 사이에 누군가에게 했을 그 잘못을 용서하는 일이기 때문입니다.

진행 방법	치유 효과
❶ 물소리가 들리는 편안한 곳에 자리 잡는다. ❷ 어릴 때 가족이나 친척, 선생님, 친구 등 누구에게서나 어디서라도 내가 가진 부정적 메시지를 생각하거나 적는다. ❸ 눈을 감고 그 메시지를 마주하면서 나에게 다음과 같이 이야기한다. ○ 나는 내 몸을 아끼고 나를 사랑한다. ○ 나의 내면 깊숙한 곳에는 마르지 않는 사랑의 우물이 있다. ○ 이제 사랑이 물이 넘쳐흐른다. ○ 나는 과거의 모든 일을 용서하고 자유로운 존재가 된다. ○ 내 미래는 밝고 즐거움이 가득하다는 걸 안다. ○ 나는 우주의 사랑하는 어린아이고, 우주는 언제까지 나를 사랑으로 보살필 것이기 때문이다. ○ 나는 모든 사람을 사랑으로 대한다. ❹ 물소리와 함께 마음에서 부정적 메시지를 떠나보낸다.	◆ 부정적 메시지를 직면하고 떠나보내 마음의 그늘을 지운다. ◆ 물의 씻김을 통한 정화 효과가 있다. ◆ 물소리를 들으며 마음이 안정된다.

걱정 띄워 보내기

물은 '씻김, 흘러감, 떠나보냄'을 상징합니다. 그런 점에서 물소리를 듣기만 해도 치유 효과가 큽니다. 그러나 걱정이나 아픔이 있으면, 그것을 떠나보낸 자리에 새 의지나 희망이 채워진다는 점에서 치유에 더 좋습니다.

물 치유

나뭇잎 배에
걱정이나 아픔을
띄워 보낸다.

진행 방법	치유 효과
❶ 흐르는 계곡 옆에서 실시한다. ❷ 호흡을 잔잔하게 조절하고 시작한다. ❸ 눈을 감고 물소리를 듣고 물 냄새를 맡아본다. ❹ 일정 시간이 지난 뒤 눈을 뜨고 손이나 발을 씻는다. ❺ 낙엽을 주워 걱정이나 희망을 적는다. ❻ 걱정이나 희망을 적은 나뭇잎 배를 흐르는 물에 띄워 보낸다. ❼ 긍정적이고 희망적인 생각을 하고, 자신에게 "다 괜찮다"라고 말해준다.	◆ 씻김을 통해 심신이 정화되는 느낌이 든다. ◆ 상쾌함과 청량감이 든다. ◆ 걱정을 떠나보내서 마음이 홀가분해지거나, 희망이 생긴다.

통나무 하늘 보기

5

나무는 죽어서 더 오래 산다는 말이 있습니다. 영주 부석사 무량수전의 배흘림기둥이 그렇듯, 길면 500년을 사는 나무는 악기나 가구를 만들었을 때 그보다 오래 삽니다. 나무는 내가 공부하는 책상이 되고, 그 위의 공책이 되고, 공책을 채우는 연필이 됩니다. 내가 편히 쉴 의자가 됩니다. 죽고 나서 쓸모로는 나무만큼 훌륭한 게 없지 싶습니다.

오솔길 옆 통나무 의자가 편안한 위로의 자리가 되는 걸 보고 어떻게 하면 살아서도 죽어서도 누군가의 쉼이 될 수 있을까, 삶과 죽음의 의미와 생명의 의무에 대해 생각합니다. 이렇게 책을 만드는 것이 나무에게 미안한 일은 아닐까 걱정도 됩니다. 그저 미안하고 부끄럽지 않은 정도만 되면 좋겠습니다. 인생이 그렇듯 최선을 다하는 게 내가 할 수 있는 전부겠지요. 언젠가 살았고, 지금도 사는 통나무 의자에 편히 앉아 읊는 정현종 님의 시 '비스듬히'에 그들의 의미가 있는 듯합니다.

통나무 의자

진행 방법	치유 효과
❶ 숲에서 앉을 만한 죽은 통나무 곁에 자리 잡는다.	◆ 걷기 운동 효과, 심신 이완 효과가 있다.
❷ 통나무 의자에서 마음에 드는 곳으로 가 편한 자세로 앉는다.	◆ 숲의 소리를 통해 숲에 수많은 생명이 살고 있음을 알고, 사랑을 느낀다.
❸ 정현종의 시 '비스듬히'를 낭송한다.	◆ 쉼의 의미를 안다.
❹ 낭송이 끝나면 멀리 하늘을 바라보며 내 생각이 어떻게 흐르는지 생각한다.	
❺ 숲의 소리를 듣고, 향기를 맡으며 숲을 느낀다.	
❻ 종소리와 함께 마친다.	
* 눈을 감고 들은 소리에 관해 이야기해도 좋다.	

나무 치유

6

언젠가 멀리 강촌 숲에서 커다란 나무에 기대 한참을 쪼그리고 앉아 있었습니다. 그때 참 많이 아팠습니다. 머리에 떠오르는 그때 내 모습은 엄마 배 속에 들어앉은 작은 아이입니다. 두 시간 남짓 그러고 있었는데, 내 안의 흙탕물이 가라앉았습니다. 누구에게도 위로받지 못할 듯한 아픔이 사라졌습니다. 뭐라도 용서할 수 있을 것 같았습니다.

누구한테 배운 것도 아닌데 어떻게 거기에 갔는지 모르겠습니다. 숲이라는 어미가 내 아픔이 안쓰러워 나를 부른 게 아닐까, 그때 나는 태아가 되어 "괜찮아, 다 좋아질 거야" 다독임을 받은 게 아닐까 생각이 듭니다. 그때 나무에 치유의 힘, 어미의 힘이 있다고 느꼈습니다. 지금도 그때를 생각하면 참 편안합니다.

나무는 땅의 에너지를 북돋워 부정적 에너지를 정화하는 데 탁월한 치유의 힘이 있다니, 그때 나의 아픈 마음이 나은 건 그 때문인 모양입니다. 나무의 확장된 에너지를 받아들이고자 할 때는 나무를 만지거나 나무에 기대는 게 좋다고 합니다. 나무 치유 방법을 소개합니다.

살면서 기댈 누군가가 있다는 건 참으로 고마운 일입니다. 변치 않고 늘 그 자리를 지키는 나무와 같은 사람, 아픔을 나눌 수 있는 사람이면 좋겠습니다. 내가 그런 사람이 되고, 서로 그런 사람이면 좋겠습니다.

진행 방법	치유 효과
❶ 잔디밭이나 평편한 곳에서 맨발로 의식을 집중하고 선다. ❷ 되도록 곧고 강한 나무를 찾아간다. ❸ 팔을 뻗으면 닿을 거리에서 나무를 마주 보고, 땅을 의식하며 발가락을 움직인다. ❹ 등을 돌려 같은 운동을 반복한다. ❺ 다음 나무 주변을 둥글게 천천히 10바퀴 정도 걷다가 그 자리에 선다. ❻ 가능한 한 오래 그 자리에서 침묵한다. ❼ 앉은 채로 훈련할 때는 등을 나무에 기댄 채 정화하고 싶은 곳에 의식을 집중한다. ❽ 끝나면 서로의 느낌을 이야기한다.	◆ 편안한 마음이 든다. ◆ 나에게 집중하고, 명상의 치유 효과가 있다. ◆ 맨발 걷기와 같은 치유 효과가 있다.

손 마사지

7

어떤 여성이 낯선 남자를 만났는데, 갑자기 심장이 뛰기 시작하더랍니다. 처음 보는 남자 앞에서 말입니다. 이 여성은 심장의 심각한 기형으로 심장을 이식받았습니다. 여성의 심장이 뛴 것은 그 남자가 지금은 세상에 없는 심장을 기증한 여성이 사랑한 남자였기 때문입니다. 세상에 없는 여자가 사랑한 사람을 심장이 기억한 것입니다. 이 일은 세포 기억설로 설명됩니다. 심장 세포가 그 남자를 기억한 것이지요.

사랑받은 세포는 면역력이 높아지고 건강해진다는 말도 세포 기억설에 근거합니다. '잎새 하나마다 천사가 있어 자라라 잘 자라라 속삭입니다'라는 인도의 시를 듣고 가슴이 뛴 적이 있습니다. 나무를 더 사랑스럽게 바라볼 수 있어서지만, 내 몸의 수많은 세포에도 천사가 있는 게 아닌가 싶어서였지요. 세포 기억설을 생각하면 맞는 것 같습니다. 내 손, 내 몸에서 잠자는 천사 세포들을 사랑하고 고마워하는 마음으로 마사지하면 좋겠습니다. 사랑받은 세포는 면역력이 높아지고 건강해진다는 기본 마음으로 진행합니다.

부부 손 마사지

혼자 하는
손 마사지

담소를 나누며 편안하게 진행해도 좋다.

서로 해주는 손 마사지

종류	진행 방법	치유 효과
메리 버미스터의 지압	엄지부터 소지까지 차례로 부드럽게 누른다. * 메리 버미스터 박사는 1950년 발표한 논문에서 "손은 온몸과 연결되어 지압하는 것만으로 건강을 챙길 수 있다. 꾸준히 지압하는 것이 중요하다"라고 했다. * 손을 들어 바라보고, 손이 한 일을 생각하고 칭찬하면서 실시한다. * 몸의 불편한 부분을 생각하며 실시한다. * 매뉴얼이 복잡하지 않아 비교적 진행하기 쉽다. * 귀가해 일상에서 실천하기 좋다.	◆ 엄지 : 심장, 폐와 연결 심장이 빨리 뛸 때, 스트레스나 긴장감으로 가슴이 답답할 때 효과가 있다. ◆ 검지 : 소화기관과 연결 소화불량, 위통, 변비에 효과가 있다. ◆ 중지 : 순환기와 연결 손발이 찰 때, 혈액순환이 안 좋을 때, 불면증, 빈혈, 현기증 등에 효과가 있다. ◆ 약지 : 감정, 호흡과 연결 짜증이 나거나 우울할 때 효과가 있다. ◆ 소지 : 신장, 머리와 연결 만성 두통, 목 통증에 효과가 있다. ◆ 주의 사항 : 방해받지 않는 곳에서 진행한다.
혼자 하는 손 마사지	❶ 편안하고 경치가 좋은 곳에 앉아 물휴지로 손을 깨끗이 씻는다. ❷ 손을 들어 바라보고, 손이 한 일을 생각하고 칭찬하면서 실시한다. ❸ 아로마 오일이나 핸드크림을 발라 손을 따뜻하게 한다. ❹ 손을 구석구석 들여다보며 고맙다고 이야기한다.	◆ 심신 이완 효과가 있다. ◆ 내 몸에 집중하고 몸의 소중함을 생각한다. ◆ 내 몸 사랑, 세포 사랑 효과가 있다. ◆ 향기를 통한 이완 효과가 있다.

	❺ 주먹을 쥐고 손마디로 손등을 마사지한다. ❻ 손가락을 골고루 주무르고 누르면서 마사지한다. ❼ 양손을 잡고 깍지를 낀다. 이때 편한 깍지, 불편한 깍지를 바꿔가면서 골고루 감각을 깨운다. ❽ 깍지를 낀 상태에서 양 손바닥을 비빈다. 생식기 건강에 좋다. ❾ 일어나 손을 쭉 뻗으며 스트레칭으로 마무리한다.	◆주의 사항 - 심하게 하지 않는다. - 방해받지 않는 곳에서 진행한다. - 아로마 오일 알레르기가 있는지 확인한다.
서로 해주는 손 마사지	❶ 편안하고 경치가 좋은 곳에 앉아 물휴지로 손을 깨끗이 씻는다. ❷ 손을 들어 바라보고, 손이 한 일을 생각하고 칭찬하면서 실시한다. ❸ 준비한 아로마 오일로 신체감각을 깨우도록 골고루 비빈다. ❹ 오일 향기와 손의 감촉을 느끼며 이야기 나눈다. ❺ 손가락 사이사이를 주물러 뻣뻣한 손을 부드럽게 풀어준다. ❻ 손등을 5분 정도 쓰다듬는다. ❼ 두 사람씩 편안한 자세로 마주 앉아 번갈아 해줘도 좋다. ❽ 발도 손과 같은 방법으로 실시한다.	◆심신 이완 효과가 있다. ◆ 가족이나 친지 간 친밀감이 자라고, 유대감을 공유한다. ◆ 향기와 촉감으로 심신이 이완되고, 면역력을 증진한다. ◆주의 사항 - 심하게 하지 않는다. - 방해받지 않는 곳에서 진행한다. - 아로마 오일 알레르기가 있는지 확인한다.

휴식 ─ 나 만나기 1

명상에 들기 전에 마음을 편히 하고, 여럿이 하는 활동이 휴식 프로그램에 해당합니다. 펼치기 4에는 명상이라고 하기에 좀 더 깨어 있는 활동, 명상하기 전의 활동, 명상으로 대체하기 좋은 활동을 모았습니다. 휴식 프로그램을 명상에 적용할 수도, 명상 프로그램을 휴식을 위해 진행할 수도 있습니다. 나누기 프로그램을 적당한 곳에 응용하기도 하고, 형편에 맞게 진행하면 됩니다.

'지켜보는 냄비는 끓지 않는다'는 서양 속담이 있습니다. 정말 그런지 실험해보니, 실제로 지켜보는 냄비가 더디 끓더랍니다. 빨리 끓기 바라는 조바심이 끓는 데 영향을 미친 겁니다. 부정의 마음과 긍정의 마음으로 바라보는〔觀〕 것이 대상에 미치는 영향은 양자물리학의 관찰자 효과로 설명됩니다. 사랑받은 세포는 면역력이 높아져 암세포가 공격하지 못한다는 말도 같은 맥락일 겁니다. 숲에서 하는 모든 활동이 그렇지만, 특히 수련 성격을 띠는 휴식과 명상에서 바라봄을 잊지 말아야 합니다.

휴식과 명상 시간에는 치유가 되는 시나 길지 않은 명상 문구를 들려줌으로써 치유 효과를 높일 수 있습니다. 제 마음에 와닿는 작품은 정현종 님의 시가 많고, 이성선 님이나 이생진 님, 이해인 수녀, 나태주 님의 시도 좋습니다. 어쩌면 그렇게 아름다운 시를 쓸까. 마음을 파고드는 게 철학을 하는 분 같기도 하고, 무슨 영감이나 계시를 받아 시를 쓰는 분 같기도 합니다.

휴식과 명상은 전체 프로그램을 놓고 볼 때 정리 단계입니다. 마음을 그윽하게 채울 존재의 신비, 생명의 소중함과 '지금, 여기!'의 고마움을 잔잔히 갈무리하고 일상으로 돌아갈 때입니다. 나와 숲을 돌아볼 수 있는 프로그램으로 정리합니다.

통나무나 벤치 위의 쉼 치유

1

아우토겐 명상

아우토겐 명상(수련)은 독일의 요하네스 슐츠가 1932년에 개발한 자기암시를 이용한 이완 요법입니다. 정신과 신체의 생리학적 현상에 바탕을 두고 있으며, 고혈압과 당뇨, 불안 장애, 우울증에 효과적

아우토겐 명상

이라고 합니다. 누운 자세에서 명상이나 이완, 휴식이 어려울 때, 한적한 숲의 통나무에 앉아서 하거나 실내 프로그램으로 진행해도 좋습니다.

진행 방법	치유 효과
❶ 조용한 자리에 둘러앉는다. ❷ 아우토겐 명상을 안내하고, 모두 눈을 감는다. ❸ 자기암시를 위한 6개 기본 공식을 천천히 들려준다. 　◦ 내 팔이 무겁습니다 : 근육 이완 　◦ 내 팔이 따뜻합니다 : 말초 혈관 이완 　◦ 내 호흡이 차분하고 규칙적입니다 : 호흡 조율 　◦ 내 심장이 차분하고 규칙적으로 뜁니다 : 심박 조율 　◦ 내 배(태양 신경총)는 따뜻합니다 : 장기 이완 　◦ 내 이마가 시원합니다 : 사고와 감정 정화 ❹ 명상 문구를 들려주고 마친다.	◆ 내 몸 각 부분을 사랑하고 관심 있게 보는 계기가 된다. ◆ 계속 실천해 건강을 찾는다. ◆ 심신 이완으로 행복감이 든다.

숲 명상

산림치유는 대부분이 그 자체로 숲 명상입니다만, '숲 명상'은 특히 다섯 감각(청각·촉각·시각·미각·후각)을 숲의 다섯 감각 대상(성·촉·색·미·향)에 집중하며 실시합니다. 그때 숲에 있는 나라는 존재가 선명하게 보입니다.

진행 방법	치유 효과
❶ 마음에 드는 곳에 자리 잡는다. ❷ 가장 편한 자세로 앉는다. ❸ 배에 손을 대고 복식호흡을 준비한다. ❹ 눈을 감고 3~5분간 숲의 소리와 냄새, 바람, 햇빛의 느낌에 집중한다. ❺ 명상 중에 눈을 뜨고 하늘을 봐도 좋다. ❻ 종소리와 함께 마친다.	◆ 숲에 집중하며 심리적인 안정을 얻는다. ◆ 숲과 더불어 자신에게도 집중한다. ◆ 복식호흡으로 이완과 스트레칭 효과가 있다. ◆ 주의 사항 - 간단한 시를 들려주고 시작해도 좋다. - 분위기가 흐트러지지 않도록 조용히 진행한다. - 자연의 소리에 집중해야 하므로 싱잉볼 같은 도구는 신중하게 선택한다.

집중력을 높이는 숲 휴식

인디언은 마음이 아플 때 열심히 일하거나 몸에 집중해서 괴로움을 잊고, 몸이 아플 때는 즐거움이나 행복 같은 정서에 온 마음을 집중한다고 합니다. 인디언은 일찍이 인체를 심리-신체적psycho-physical 존재로 파악하고, 집중의 치유력도 잘 안 것 같습니다. 최근 몸과 마음이 불가분의 관계라는 이유로 인체를 뭄(몸+마음)으로 인식하는 것을 보면 인디언의 치유법은 선구적이라는 생각이 듭니다. 영혼이 맑은 종족이라서 가능한 통찰이 아니었을까 싶습니다. 정령신앙도 그렇고 자연을 대하는 마음도 그렇고, 인디언에게는 닮고 싶은 부분이 많습니다. 인디언의 치유를 생각하며 진행해봅니다.

진행 방법	치유 효과
❶ 통나무 의자나 매트에 편하게 앉는다. ❷ 눈을 감고 표정은 밝게 하고, 온몸에 힘을 빼고 긴장을 푼다. ❸ 머리에서 이마, 눈, 코, 입, 혀, 목, 어깨, 팔, 손, 가슴, 복부, 옆구리, 허리, 다리, 발까지 차례로 불러준다. ❹ 마음속으로 50이나 100에서 1까지 숫자를 거꾸로 세면서 뇌파가 점점 떨어진다고 생각한다. 숫자가 줄어들면서 점점 깊고 편안한 상태로 들어간다. ❺ 우리가 걸어온 숲속을 상상하며 숲의 아름다움을 다시 즐긴다. ❻ 마음이 편안해지면 모든 일에 밝고 긍정적인 자신을 상상한다. ❼ 모든 일에 집중력을 발휘하고 몰두하면서 재미있어하는 자신의 모습을 그려본다. ❽ 숨을 세 번 깊이 들이마시고 내쉬면서 자연스럽게 깨어난다. ＊각 단계를 나지막한 소리로 알려준다.	◆ 자신감이 생기면서 손끝 발끝으로 기운이 뻗치고, 정신을 집중하게 된다. ◆ 인지 자극 효과가 있다. ◆ 마음이 편안해지면서 부정적인 감정과 정보가 정화된다. ◆ 잡념이 없어진다. ◆ 마음의 힘과 창의력을 키운다.

자연과 하나 되는 천문 명상

2

태어날 때 우리의 머리에는 대천문(앞숫구멍)과 소천문(뒷숫구멍)이 있습니다. 대천문을 백회라고 합니다. 소천문은 생후 1년 전후로 막히는데, 대천문은 그대로 있습니다.

'자연과 하나 되는 천문 명상'은 대천문에 돌을 올린 상태에서 떨어뜨리지 않고 반환점을 돌아오는 것입니다. 돌을 떨어뜨리지 않고 제자리로 돌아오려면 집중해야 합니다. 돌을 떨어뜨리지 않고 돌아왔다는 건 그동안 돌이라는 자연과 하나가 됐다는 의미가 있습니다.

돌에는 남이 알아주기를 바라지 않고, 칭찬이나 비난에 흔들리지 않는 마음이 있습니다. 돌의 마음과 함께 세상 모든 것의 존재 가치와 소중함을 생각하며 진행할 때 치유 효과가 커집니다.

진행 방법	치유 효과
❶ 평편한 곳에 자리를 잡고 선다.	◆ 일을 성취하기 위해서는 정성이 필요하다는 것을 깨닫는다.
❷ 아이들 손바닥 크기의 납작한 돌을 하나씩 주워 머리 꼭대기 대천문(백회)에 올린다.	◆ 집중에 따른 몰입 효과가 있다.
❸ 대천문 위에 있는 돌의 기운을 느낀다.	◆ 성취감이 든다.
❹ 돌이 떨어지지 않도록 몸을 수직으로 만들고, 정면을 바라보면서 천천히 걷는다.	◆ 집중력 훈련으로 마음의 힘과 창의력을 키운다.
❺ 반환점을 돌아와 자리에 앉는다.	
❻ 머리에 돌을 얹은 채 눈을 감고 심호흡한다.	
❼ 신호에 따라 명상을 끝낸다.	

나와 닮은 자연물 찾으면서 마음 들여다보기

3

나를 제일 잘 아는 건 나이기에, 나와 닮은 자연물은 내가 제일 잘 찾을 겁니다. 나를 닮은 자연물을 찾는 동안 나에 대해 생각하게 됩니다. 혼자 숲을 거닐면서 보내는 이런 시간은 나를 자세히 들여다보고, 나에게 깊숙이 들어가야 한다는 점에서 명상과 닮았습니다. 자신을 들여다보는 부분에 초점을 맞춰 진행하는 게 치유를 위해서 좋습니다. 참가자가 선택한 자연물의 특징과 장점 등을 간단히 설명하고, 자연물을 선택한 이의 장점과 연결해서 말해주는 것이 내면의 치유에 도움이 됩니다.

진행 방법	치유 효과
❶ 각자 숲을 돌아보며 자기와 닮은 자연물을 가져온다. ❷ 모두 한자리에 모인다. ❸ 한 사람씩 자연물을 선택한 이유와 자신에 대해 말한다. ❹ 말하는 사람 외에는 경청한다. ❺ 경청한 느낌을 공유하면서 '잘했어, 부럽다, 멋있어' 같은 말로 칭찬하고, 박수로 격려한다.	◆ 자연의 소중함을 알고, 자연물과 교감하는 계기가 된다. ◆ 나의 소중함을 깨닫고, 나를 사랑하는 계기가 된다.

명상 전 이완 스트레칭

4

명상 전 이완은 마음으로 더 깊이 들어가게 한다는 점에서 거쳐야 할 과정입니다. 몸을 이완시키면서 마음의 빗장도 풀 수 있습니다.

명상 전 이완

진행 방법	치유 효과
① 편한 자리에 1인용 매트를 깔고 앉는다. ② 두 손을 깍지 껴서 두 팔을 위로 올리고, 오른쪽 왼쪽으로 돌린다. ③ 두 손을 뒤로 깍지 껴서 허리 뒤로 잡고, 어깨를 안쪽으로 모은 상태에서 양옆으로 흔든다. ④ 오른손으로 왼쪽 귀를 잡고 잠시 멈추고, 왼손으로 오른쪽 귀를 잡고 잠시 멈춘다. ⑤ 팔을 최대한 크게 벌려 앞뒤로 번갈아 돌리고 반복한다. ⑥ 두 다리를 바닥에 뻗고 턴다. ⑦ 오른 무릎을 세우고 양쪽을 두드린 다음, 같은 방법으로 왼 무릎을 세우고 양쪽을 두드린다.	◆ 온몸의 스트레칭과 이완 효과가 있다. ◆ 장운동을 활발하게 한다. ◆ 동작을 크게 하면 마음의 환기에 도움이 된다.

명상을 돕는 흠향

5

　　　　　　냄새로 인식하는 후각 자극 물질은 반응이 즉각적입니다. 시냅스 없이 대뇌에 직접 도달하기 때문이지요. 사람들이 향기에 가장 먼저 감동하는 것도 같은 이유입니다. 사람은 하루 한 번 심호흡만으로 스트레스 지수가 떨어진다는데, 향기와 함께 하는 심호흡은 그 효과를 배가합니다. 우주의 건강한 에너지를 의식하기 위한 심호흡과 함께 진행할 때, 심신 치유 효과가 커질 겁니다.

　프로그램 시작 단계에는 몸의 감각을 깨우는 데 도움을 주는 향기를, 명상에 들기 전에는 몸의 이완을 돕는 향기를 사용합니다. '명상을 돕는 흠향'은 참가자의 반응이 즉각적이고 좋습니다만, 숲 향기가 유난히 좋은 장소나 인공의 향기가 숲의 향기를 반감할 수 있는 경우라면 지양해야 합니다.

프로그램 시작할 때 흠향

프로그램 마칠 때나
명상을 돕기 위한 흠향

진행 방법	치유 효과
치유 프로그램 시작할 때 흠향 ❶ 물휴지로 손을 깨끗이 씻는다. ❷ 각성 작용을 하는 쿨링 오일을 사용한다. ❸ 손바닥에 쿨링 오일을 한 방울 떨어뜨린다. ❹ 오일을 살짝 비비고 손우물을 만들어 눈을 감고 향기를 맡는다. ❺ 얼굴 피부에 닿지 않게 향기를 맡으며 숲의 소리와 공기에 집중한다. ❻ 2~3분 실시하고 숲으로 들어간다. **치유 프로그램 마칠 때나 명상을 돕기 위한 흠향** ❶ 이완 요가가 끝나고 명상에 들기 전에 실시한다. ❷ 스트레스 진정 작용을 하는 픽스 오일을 사용한다. ❸ 오른쪽과 왼쪽 목 부위 림프샘이 내려오는 선을 이어 오일을 'V 자'로 바른다. ❹ 약 1분간 향기를 맡고, 명상을 진행한다.	◆ 향기가 잡념을 없애고, 자신에 몰입하기 쉽게 만든다. ◆ 점차 심신이 편안해진다. ◆ 심호흡에 따른 스트레칭 효과, 마음 환기 효과가 있다.

바람 치유(풍욕)

6

바람은 많은 것을 생각하게 합니다. 나에게 처음으로 불어온 바람은 윤동주의 '잎새에 이는 바람'입니다. 그 바람은 맑은 젊은이를 아프게 하는 삿된 것의 상징이지요. 다음으로 내게 다가온 바람은 숲의 바람입니다. 숲의 바람도 늘 나무를 흔드는 존재라는 점에서 삿될 수 있습니다. 그러나 그 바람으로 나무가 꽃을 피우고, 뿌리를 키우고, 그 뿌리로 나무의 키와 둥치가 자란다는 생각을 하면 숲의 바람은 생명의 바람입니다.

어찌 보면 사람 사는 세상의 바람도 이와 같습니다. 흔들리지 않는 나무는 뿌리를 키울 필요가 사라진 죽은 나무일 뿐입니다. 나무는 살아 있어서, 부러지지 않기 위해, 뿌리를 키우기 위해 흔들립니다. 세상의 바람이 우리를 흔드는 것, 그 바람에 우리가 흔들리는 것도 우리의 뿌리를 키우고 살아남기 위함입니다. 숲의 바람은 나무를 키우고, 세상의 바람은 우리의 맷집을 키웁니다. 흔들리지 않고 피는 꽃이 없듯, 우리는 세상의 바람이 만든 맷집으로 꽃을 피우고 당당한 나무로 자라 세상 한가운데 우뚝 설 것입니다.

삿된 것이 늘 삿된 것만은 아니고, 쇠고삐를 맨 나무의 뿌리가 유독 깊고 단단하듯, 나를 단단하게 키우는 것이 진정한 나의 힘이라는 걸 깨달으면 좋겠습니다. 바람이 나무의 뿌리를 키우고 우리의 맷집을 키우는 힘이라는 걸 생각하면서 바람을 만날 때, 바람 치유는 마음의 치유를 향할 것입니다.

진행 방법	치유 효과
❶ 바람이 잘 부는 장소에 자리 잡는다. ❷ 눈을 감고 얼굴과 손등, 온몸에 스치는 숲의 바람을 느낀다. ❸ 숨을 들이쉴 때 숲의 에너지가 몸속으로 들어오고, 내쉴 때 몸의 독소가 몸 밖으로 나간다고 상상한다. ❹ 숨을 들이쉴 때 배가 올라가고, 내쉴 때 배가 들어가도록 심호흡한다. ❺ 숲의 모든 것을 키우는 치유 에너지가 몸에 가득 찼다고 상상한다. ＊ 자연의 바람과 세상 바람의 의미를 생각하며, 나무와 같이 바람으로 내 몸이 강해지는 것을 상상한다.	◆ 피부호흡으로 면역력을 키운다. ◆ 심호흡을 통한 스트레칭 효과가 있다. ◆ 피부로 바람을 느끼며 피부의 존재와 고마움을 생각한다.

명상 — 나 만나기 2

　　　　나는 누구일까, 나는 어쩌다 이 세상에 왔을까, 내 부모는 나에게 어떤 모습일까, 나는 나를 사랑하는가… 이렇듯 나를 만나기 위해 들어가는 길은 많습니다. 내가 가고 싶은 길을 찾아, 내 속으로 더 깊이, 더 온전히 나에게 집중하고 나를 바라봅니다.

　우리가 걸어온 숲과 그 안의 모든 생명은 스스로 길이요, 생명임을 보여줍니다. 소리든 말이든 이미지든 사물이든 어느 한 가지에 정신을 모을 수 있다면 그것이 명상입니다. 특히 맑고 완전한 존재에 정신을 집중할 때, 우리는 그 존재가 가진 에너지를 모방하게 됩니다. 나의 길과 숲의 맑은 정신이 만나는 게 숲 산책과 명상의 보람이고 가치입니다.

숲에서 하는 하타 요가, MBSR 마음 챙김 명상

1

하타 요가는 인도철학의 요가학파에서 발전한 요가로, 정화 방법과 호흡 조절, 신체의 자세(아사나)를 강조합니다. 요가수트라 수행 과정을 간소화한 것인데, 이는 일반인에게도 수행이 어렵지 않도록 하기 위해서라고 합니다. 그러나 최종 목표는 요가수트라와 같이 삼매입니다. 요가는 정신을 완성하는 수단으로, 신체의 수련을 강조합니다.

MBSR는 선禪, 사마타, 위파사나 같은 불교적 명상법을 기반으로 1979년 미국 매사추세츠대학교 의과대학의 존 카밧진 박사가 개발한 명상법입니다. '마음 챙김을 기반으로 한 스트레스 완화 Mindfulness-Based Stress Reduction' 원리로 현대 서구의 명상 문화를 주도하는 명상 프로그램이지요.

'숲에서 하는 하타 요가, MBSR 마음 챙김 명상'과 '숲 보디 스캔'은 일반적인 하타 요가 자세를 숲 환경에 적용해 구성했습니다. 각 치유 환경이나 대상에 따라 조절하거나 수정해서 진행해도 무방합니다.

진행 방법	치유 효과
서서 진행 ❶ 덱이나 잔디밭처럼 평편한 자리에 매트를 깔고 진행한다. ❷ 매트에 양발을 5~6cm 간격으로 서고, 손은 편안히 늘어뜨린다. ❸ 크게 호흡하면서 손을 앞쪽 위로 둥글게 올리고, 손과 하늘을 바라보며 몸의 감각에 집중한다. ❹ 손이 맨 꼭대기로 올라가면 양손을 깍지 끼어 하늘을 밀어 올리듯 뻗는다. ❺ 손을 천천히 옆으로 내리는데, 팔이 어깨와 평행이 될 때 손바닥을 직각으로 세우고 양옆 벽을 밀듯 힘주어 팔을 뻗는다. ❻ 천천히 팔을 내리면서 옆구리에 편안하게 떨어뜨린다. ❼ ③~⑥을 오른쪽과 왼쪽으로 번갈아 시행한다. ❽ 눈을 감고 ③~⑦을 3회 반복한다 (위 3회-오른쪽 3회-왼쪽 3회). ❾ 천천히 자리에 앉는다. ＊ 편안하게 선 자세에서 복식호흡을 하며 진행한다. ＊ 알아차림을 강하게 하고, 자세가 만드는 감각과 느낌에 집중한다.	◆ 몸과 마음의 긴장이 이완되면서 들숨 날숨의 순간마다 떠오르는 생각을 알아차린다.

서서

앉아서 진행

❶ 양 발바닥을 대고 발끝을 최대한 당겨 몸에 붙인다.

❷ 양손은 발끝을 잡고, 양다리를 수차례 흔들어 발과 다리의 긴장을 푼다.

❸ 양다리를 뻗고 손을 앞으로 쭉 올려 깍지를 낀 다음, 팔을 편안히 옆으로 내린다. 팔이 어깨와 평행이 될 때 손바닥을 직각으로 세우고 양옆 벽을 밀듯 힘주어 팔을 뻗는다.

❹ 눈을 감고 ③을 천천히 3회 반복한다.

❺ 자리에 편안히 눕는다.

◆ 마음이 편안해 지면서 뭐든 다시 시작할 수 있을 것 같은 생각이 든다.

앉아서

보디 스캔과 함께 명상에 들기

❶ 눈을 감고 몸의 이야기에 귀 기울이고, 잊고 살던 내 몸과 마음을 나누기 위함이다.

❷ 누워서 몸을 훑어 내려가며 몸의 이야기에 귀 기울인다.

❸ 발-다리-골반-엉덩이-허리-배-가슴-등-팔-어깨-목-머리 순서로 스캔한다.

❹ 잠이 오면 자도 좋다.

❺ 종소리와 함께 천천히 일어난다.

❻ 편안히 숨 쉬고 눈을 뜨면서 숲의 아름다움과 존재의 신비를 생각하며 바라본다.

◆ 몸과 마음에 새 기운이 들어차면서 충전한 듯 개운해진다.

누워서 명상에 들기

숲 보디 스캔

2

'보디 스캔'은 평소 의식하지 못하고 사는 내 몸을 새롭게 들여다보고 만나기 위한 명상법 중 가장 효과적입니다. 몸에 초점을 맞춰 세심하게 관찰하기 때문에 보디 스캔을 하면 몸에 활기가 생깁니다. 명상 도중 잠이 오는 경우가 많은데, 수면을 유도해 깊은 휴식을 취하게 합니다.

보디 스캔

진행 방법	치유 효과
❶ 숲속 덱이나 평편한 곳에 매트를 깔고 편안히 눕는다. ❷ 눈을 감고 숨을 깊고 편안하게 내쉬고 들이쉰다. ❸ 숲의 치유 인자를 활용해 감각 느끼기를 진행한다. ❹ 다음 멘트로 보디 스캔을 시작한다. ○ 지금부터 숲의 맑고 밝은 에너지로 몸을 치유하는 보디 스캔을 시작하겠습니다. ○ 호명하는 부분으로 치유 에너지가 들어와 채워진다고 상상하세요. ○ 머리-이마-얼굴-목-어깨(어깨가 편안하게 이완됩니다)-팔-팔목-손-가슴-배-허리-엉덩이-다리-발을 바라봅니다.	◆ 내 몸에 관심을 갖고 내 몸을 사랑한다. ◆ 이완의 느낌과 효과를 알고, 일상에서도 실시할 수 있다. ◆ 생활 습관 교정과 삶의 질 향상을 기대할 수 있다.

- 마음속으로 10에서 1까지 숫자를 거꾸로 세면서 뇌파가 점점 떨어진다고 생각합니다. 숫자가 줄어들면서 점점 깊고 편안한 상태로 들어갑니다.
- 당신이 있는 곳은 죄 만들지 않는 맑은 정령이 모여 있는 아름다운 곳입니다. 그들과 친구가 되고 그 안을 산책하면서 숲속의 아름다움을 즐겨보세요.
- 숨을 세 번 깊이 들이마시고 내쉽니다.
- 나의 온몸은 숲의 에너지로 가득 차 편안해졌습니다.
- 이제 편안히 쉬십시오.

❺ 10분가량 지난 뒤 종을 치면서 마침을 알린다.

❻ 오른쪽으로 천천히 일어난다.

❼ 1분 정도 눈을 감고 천천히 각성한다.

◆ 주의 사항 : 비가 오거나 선선한 날씨 등으로 실내에서 진행할 때는 숲을 상상한다.

햇빛 치유

3

갱년기 햇빛 명상

98세에 시인이 된 시바타 도요가 그랬지요. 햇살과 바람은 누구 한쪽 편만 들지 않는다고요. 햇살과 바람이 누구에게나 공평하다는 것은 참 고마운 일입니다. 바람과 햇빛이 가진 무변광대한 치유의 힘을 생각할 때 특히 그렇습니다.

사회적이든 심리적이든 생리적이든 우울감의 원천은 멈춤과 단절이라고 합니다. 빛은 모든 멈춤과 단절을 움직임과 순환으로 바꿉니다. 가을이나 겨울, 장마철에는 일조량이 적어 체내의 멜라토닌이 부족하고, 이로 인해 우울증이나 우울감, 수면 부족, 무기력증 등이 올 수 있습니다. 보통 가을 탄다고 표현하는 가을 우울증은 체중 증가를 동반하는 경우가 많지요. 햇빛과 함께 하는 걷기 명상이 가을 우울증 치유에 도움이 됩니다. 햇빛은 흉선의 비타민 D 생성을 자극하고, 세로토닌 분비를 돕습니다. 날씨가 춥거나 형편상 야외에서 햇볕을 쬐기 어려울 때는 집 안 창가에서 햇빛을 즐기는 것으로 대신할 수 있습니다. 이는 치유의 생활화라는 점에서 중요한 건강 습관입니다.

갱년기 햇빛 명상

햇빛 명상

진행 방법	치유 효과
❶ 햇빛이 잘 드는 평편한 곳에 자리 잡는다. ❷ 햇빛을 향해 허리를 곧게 펴고 반가부좌한다. 너무 덥거나 햇빛이 강할 때는 모자를 쓰고 진행한다. ❸ 손바닥이 하늘을 향하게 한 상태로 손을 무릎에 올린다. ❹ 어깨와 팔은 힘을 빼고 눈은 살며시 감고 입꼬리를 올리고 햇살을 만끽한다. ❺ 양손을 배에 올리고 천천히 숨을 쉰다. 이때 배의 움직임으로 공기가 들어오는 것을 확인한다. ❻ 내 몸을 태양전지라 생각하고 머리부터 얼굴, 어깨, 팔, 가슴, 복부, 다리, 발에 마음으로 햇빛을 채운다. ❼ 숲의 생명력에 집중해 숲의 에너지를 함께 받는다.	◆ 심폐기능과 집중력, 고양된 느낌이 향상하고, 심리적 안정 효과가 있다. ◆ 소화불량, 변비, 고혈압, 콜레스테롤혈증, 불면증, 불안 장애 등을 해소한다. ◆ 주의 사항 - 햇빛에 지나치게 노출되지 않도록 한다. - 늦가을이나 초겨울, 체온을 올리는 게 목적일 때는 해를 등지고 앉는다.

우울 증상 치유를 위한 햇빛 걷기 명상

산림치유에서 걷기는 특별한 경우가 아니면 부교감신경을 활성화함으로써 심신을 이완시키고, 자신을 돌아보는 게 목적입니다. 따라서 파워 워킹보다 느리게 걷기(장생보)가 좋습니다. 가슴을 펴고 아랫배에 힘을 줘 몸을 수직으로 만드는 게 중요합니다. 자신감이 우울감을 사라지게 하기 때문입니다.

햇빛 걷기 명상

진행 방법	치유 효과
❶ 몸의 중심을 용천에 둔다. ❷ 용천과 단전, 가슴, 뇌가 수직이 되도록 한다. ❸ 발가락에 힘을 주고 힘차게 그러나 천천히 걷는다. ❹ 내 몸과 마음의 주인이 나라는 걸 생각하며 걷는다. ❺ 자세가 흐트러질 때는 뒷짐을 지고 양반 자세로 천천히 걸어도 좋다. * 우울감의 가장 큰 원인은 멈춤과 단절이다. 햇빛과 걷기가 멈춤과 단절을 움직임과 순환으로 바꿔준다.	◆ 심리적으로 안정을 찾는다. ◆ 자신을 돌아볼 수 있다. ◆ 산책과 걷기 운동에 따른 환기 효과가 있다.

시각 명상(트라타카 명상)

4

소리를 통한 명상이 만트라라면, 시각 명상은 이미지를 이용한 트라타카입니다. '시각 명상(트라타카 명상)'은 외적 트라타카와 내적 트라타카로 구성됩니다. 이때 이미지는 집중을 위한 도구입니다.

집중 트라타카

트라타카 명상에서 선명한 잔상, 선명한 이미지화는 집중을 위한 측면이 강합니다. 그러나 이미지화는 물러남 없는 집중이라는 점에서 수련자가 정신적 힘에 집착해 에고를 강하게 만들 수 있습니다. 에고는 명상의 반대편이라는 점에서 현명하고 윤리적인 수련이 필요합니다. 수련 경험이 있는 사람에게 적당한 명상입니다.

진행 방법	치유 효과
❶ 편하고 앞이 트인 곳에 자리 잡는다. ❷ 나무나 바위 등 집중할 대상을 정한다. 여러 사람이 진행할 때는 시야에 방해가 될 수 있으니, 일렬로 한 방향을 향한다. ❸ 눈을 깜빡이지 않고 정한 대상을 강하게 응시한다. ❹ 최대한 참았다가 눈을 깜빡인다. ❺ 한동안 강한 응시를 계속한다. ❻ 눈이 피곤할 때 눈을 감는다. ❼ 대상의 잔상을 시각화하고, 그 잔상만 의식한다. ❽ 정신적 환영이 일어나면 무관심하게 바라보다가, 잔상이 흐려지면 눈을 뜨고 다시 대상을 응시하다가 눈을 감고 내적 이미지를 응시한다. ❾ 이와 같이 외적 트라타카와 내적 트라타카를 반복한다. ❿ 트라타카를 멈추고, 눈을 뜬 상태에서 천천히 이완한다.	◆ 집중과 몰입 효과로 정화된 느낌이 든다. ◆ 잡념이 사라지고 편안해진다. ◆ 주의 사항 : 조용한 곳에서 실시한다.

간편 숲 트라타카

'집중 트라타카'가 일반인에게 다소 어려운 반면, '간편 숲 트라타카'는 숲에서 하기 쉬운 트라타카 명상입니다.

진행 방법	치유 효과
❶ 곧게 서서 한 팔을 가슴 앞으로 뻗는다. ❷ 엄지를 세우고 엄지손톱에 초점을 맞춘다. ❸ 다리를 곧게 펴고 중심이 흐트러지지 않게 허리를 돌린다. ❹ 오른팔부터 오른쪽으로 돌리고, 왼팔까지 번갈아 실시한다. ❺ 3~5분간 오른손과 왼손 5회씩, 천천히 실시한다.	◆ 중심 잡기와 스트레칭 효과가 있다. ◆ 정신 집중과 몰입 효과가 있다. ◆ 마음이 차분하고 편안해지면서 정화와 치유의 효과가 나타난다. ◆ 주의 사항 : 차분하게 천천히 진행한다.

'멍 때리기'와 요가 니드라 명상(텐트 명상)

5

요가 니드라는 '요가(길) + 니드라(잠)'를 뜻하는 심신 이완법으로, 탄트라 수행법 가운데 하나입니다. 요가 니드라는 수련 과정에서 수면 그 자체로 이완과 에너지 충전 상태인 '잠', 잠과 깨어 있음의 중간(정신적인 잠) 상태인 '사이킥 잠', 니드라 최상의 상태인 '잠 없는 잠'으로 나타납니다. 인간은 본질적으로 바라보는 자임을 깨닫는 게 '요가 니드라 명상'의 주목표입니다.

'잠 없는 잠'을 최상의 상태로 삼는 이유는 오감이 깨어 있는 동안 자각은 있으나 이완이 없고, 잠자는 동안 이완은 있으나 자각이 없기 때문입니다. 이는 현대 철학자 레너드 제이콥슨의 '몸은 마음의 거친 상태고, 마음은 몸의 미세한 상태로 몸은 마음의 거울이다. 몸에서 일어나는 것은 마음에도 일어나므로 몸의 감각을 제어해 긴장의 이완을 의도할 수 있다'라는 이론과 유사합니다. 긴장은 에너지의 막힘에서 오며, 육체적·심리적·영적으로 자유로운 상태인 이완은 진정한 자각에서 옵니다. 따라서 자각은 긴장이 아니라 휴식을 더 깊게 합니다. 자각한다는 건 바라보는 것입니다.

요가 니드라를 '잠 없는 잠'이라고 하는 이유는 꿈꾸는 자신을 바라보고 잠자는 자신을 바라보게 하는 것이 목적이기 때문입니다. 요가 니드라는 불편한 몸과 마음의 부위를 자각하고 미세한 부위를 알아 차려 그 부위의 나디(기가 흐르는 길)를 원활하게 하는 것, 몸과 마음의 긴장을 해소해 영적 휴식을 취하고 자기의 순수의식과 만나게 하는 것이 목표입니다.

그러나 산림치유의 진행 구조상 '잠 없는 잠' 같은 깊은 수련에 빠지기는 어렵습니다. 일반 산림치유에서는 '멍 때리기'를 통한 이완의 시간도 치유 효과가 큽니다. 이 사실을 알리고 프로그램에 임할 때, 마음 편한 치유의 시간이 될 수 있습니다. 나만의 시간과 공간에서 내 영혼이 우주와 연결됐다는 깨달음에 이를 수 있음을 안내하고, 가르치거나 견해를 주입하려 하지 말고 안내자 먼저 마음을 비워야 합니다.

요가 니드라를 위한 텐트 명상

진행 방법	치유 효과
❶ 고요한 숲이나 텐트 안에서 하는 활동 명상, 긴 시간의 치유 프로그램에 좋다. ❷ '묵언 산책'이 끝나는 지점에서 '요가 니드라'에 대해 설명한다. ❸ 어느 정도 긴장한 뒤에 요가 니드라가 잘되는지 설명하고, 긴장과 이완의 방법을 안내한다. ❹ 어깨 털기와 다리 털기를 각 5회 실시하고 휴식에 들어간다. ❺ 들숨보다 날숨이 길어야 이완에 좋다. ❻ 내가 누구인지 생각해보고 나만 생각하라고 말한다. ❼ 텐트나 고요한 숲은 곧 자연이라는 어머니의 배 속이고, 나는 그 안에 있는 어린 영혼이라고 생각한다. ❽ 잠이 오면 잔다. ❾ 종소리와 함께 천천히 일어난다.	◆ 마음이 편안해진다. ◆ 심리적 안정으로 불면증을 개선한다. ◆ 자신을 들여다보면서 자신을 알고, 정체성 확립에 도움이 된다. ◆ 마음이 고요하고 조화로워지면서 몸의 에너지가 평형을 찾고, 건강을 회복한다. ◆ 주의 사항 - 목소리도 에너지다. 말투와 억양, 속도에 의식이 깨어 있어야 하며, 고요하고 선명하게 바라보도록 이끈다. - 고요한 숲에서는 서로 방해받지 않도록 간격을 넓힌다.

나무 명상

6

펼치기 3의 '나무 치유'는 다른 사람과 활동하기 때문에 비교적 움직임이 많은데, '나무 명상'은 자신에게 깊숙이 들어가고 움직임보다 명상의 시간이 길다는 점이 다릅니다. 나무 명상은 특히 아토피 환자에게 효과적입니다.

진행 방법	치유 효과
❶ 숲의 평평한 곳이나 숲길을 산책하면서 마음에 드는 나무를 정한다. ❷ 내가 정한 나무와 인사한다. ❸ 나무를 눈 뜨고 안아보고, 눈을 감고 안아본다. ❹ 손으로 만져보고 냄새 맡고 바라보며 나무와 교감한다. ❺ 나무에 등을 대고 앉아 복식호흡과 함께 명상을 시작한다. ❻ 일정 시간이 지나면 눈을 뜨고, 눈앞의 풍경을 새삼스럽게 바라본다. ❼ 심호흡과 함께 명상을 끝낸다.	◆ 오감이 자극되고 정서적으로 안정된다. ◆ 자연물과 교감해서 내 마음을 들여다보고 알 수 있다. ◆ 주의 사항 - 나무는 나를 쓰다듬듯 부드럽게 대한다. - 안전한 곳에서 실시한다.

독수리 치유 명상

7

'독수리 치유 명상'은 최면 치유와 유사한 효과가 있습니다. 참가자들이 마음으로 따라오고 상상할 수 있도록 멘트를 이어가면서 진행합니다. 참가자들이 생각보다 잘 따라오고, 치유 효과도 좋습니다. 다소 어려울 수 있지만, 모든 멘트는 낭송 형태로 하기 바랍니다.

진행 방법	치유 효과
❶ 매트를 사용하거나 통나무의 한적한 곳에 둘러앉는다. ❷ 두 손은 배에 올리고, 허리를 꼿꼿이 세워 바른 자세로 앉는다. ❸ 심호흡과 함께 눈을 감고 명상을 시작한다. ❹ 다음 멘트를 천천히 낭송한다. 　◦ 눈을 감고 편안히 숨을 쉽니다. 내가 숨을 쉬고 살아 있음을 느낍니다. 　◦ 내게는 떠나보내고 싶은 기억, 떠올리고 싶지 않은 기억이 있습니다. 그것이 무엇인지 생각해봅니다.	◆ 내 몸에 관심을 갖고 사랑하는 계기가 된다. ◆ 계속 실천해 건강을 찾는다.

○ 원망과 시기, 슬픔, 죄의식, 누군가에게 상처 받은 기억, 누군가에게 상처를 준 기억… 수많은 기억이 머릿속에 똬리를 틀고 있습니다.
○ 이제 발톱이 날카롭고 용맹스런 독수리 한 마리를 불러봅니다.
○ 독수리가 날카로운 발톱으로 감정의 똬리를 움켜쥐고 서서히 날아오릅니다. 버리고 싶은 내 기억입니다.
○ 독수리가 힘차게 날아올라 감정의 공을 계곡에 던지고 다시 창공을 힘차게 날아오릅니다.
○ 아, 버리고 싶은 감정이 물살에 흘러내리면서 깨끗이 사라졌습니다.
○ 내 마음이 편안합니다. 내 몸이 편안합니다. 나는 편안합니다.
○ 당신이 건강을 유지하고 편안한 마음으로 살 수 있도록 당신에게 시간을 허락하십시오. 당신은 당신의 몸을 알게 되고, 근육이 강해지고, 마음의 긴장이 이완될 것입니다. 당신의 몸에 변화가 찾아오고, 당신은 이제 흔들리지 않을 것입니다. 여기까지 오시느라 정말 수고 많았습니다.
○ 이제 숨을 크게 세 번 쉬고 눈을 떠봅니다.
❺ 눈을 뜨고 자연을 바라본다.
❻ 느낌을 마음에 간직하고 명상을 마친다.

* 참가자는 마음으로 그려가면 되므로 편안하게 따라온다.

◆ 심신을 이완하고, 행복감이 든다.

자애 명상

8

'자애 명상loving-kindness meditation'은 스스로 평화로워지고 사람들과 좋은 관계를 맺게 하는 것이 주목표입니다. 정신신경내분비학Psychoneuroendocrinology의 최근 연구에 따르면, 자애 명상이 우리 몸의 세포에 긍정적인 효과를 미친다고 합니다. 심성 교육과 대인 관계 개선에 많은 도움이 되어, 특히 학생을 대상으로 할 때 좋은 프로그램입니다.

| 자애 명상

진행 방법	치유 효과
❶ 숲길을 천천히 산책한 다음, 풍경이 좋고 호젓한 곳에 매트를 깔고 자리 잡는다. ❷ 손을 배에 올리고, 바른 자세로 앉아 심호흡한다. 이때 누워도 좋다. ❸ 내 마음에 가장 많이 신경 쓰이는 중요한 문제나 분노를 끄집어 내고 바라본다. ❹ 복식호흡을 하면서 그 문제를 중심으로 명상을 시작한다. ❺ 지금의 문제와 그 문제의 현실적인 해결 방법을 차분히 생각한다. ❻ 내 문제를 깨닫고 해결하는 내 몸 각 부분이 어디인지 생각한다. ❼ 내 문제를 깨닫고 해결하는 내 몸 각 부분을 칭찬한다. ❽ 머리부터 발끝까지 이런 방법으로 훑어나간다. ❾ 가장 감사한 순간을 떠올리고, 지금이 그 순간임을 생각한다. ❿ 일정 시간이 지나면 천천히 눈을 뜨고 숲을 바라본다. ⓫ 지금의 느낌과 생각을 간직한다.	◆ 마음이 편안하고 너그러워진다. ◆ 감정을 들여다보는 체험으로 자아 성찰 방법을 알 수 있다. ◆ 미래에 대한 걱정을 줄인다.

자유로운 영혼을 위한 비움 명상

9

동물, 특히 벌레를 생각하면 참 아득합니다. 그들은 혼자 맨몸으로 다니며 먹고, 어두워지면 눕는 곳이 집입니다. 그렇게 살았으니 그것이 하늘의 명이라는 듯, 돌아갈 때도 말없이 돌아갑니다. 그들의 삶을 바라볼 때 무척 부끄럽습니다. 그들을 바라볼 때 욕망의 덩어리인 내가 비로소 보이기 때문입니다. 그래서 그들이 돌아가는 모습을 보며 '수고했다, 애썼다' 위로합니다.

사람의 괴로움은 더 많이 갖고자 하는 욕심에서 옵니다. 물질뿐만 아니라 마음도 그렇습니다. 사랑하는 이의 마음을 얻지 못해, 많은 이의 관심을 받지 못해 괴롭지요. 내려놓지 못하는 데서 괴로움이 옵니다. 어쩌면 하루하루 비우기가 내 삶의 목표가 돼야 할 겁니다.

제 몸을 개미에게 주고 날개만 남은 꽃매미와

명을 다해 죽은 어치를 곱게 보내줍니다.

품위 있는 죽음이 삶 또한 품위를 찾게 할 것이기 때문입니다.

진행 방법	치유 효과
❶ 풍경이 좋고 호젓한 곳에 매트를 깔고 자리 잡는다. ❷ 허리를 꼿꼿이 세우고 바른 자세로 앉는다. ❸ 인간의 삶과 동물의 삶을 생각한다. ❹ 눈을 감고 오른손을 손바닥이 위로 가게 한 상태에서 천천히 어깨 높이까지 든다. ❺ 내 손에 영혼의 그릇이 놓여 있다고 상상한다. ❻ 내 영혼의 그릇에 나를 짓누르는 무거운 것, 싫은 것, 잊어버리고 싶은 기억, 지키고 싶은 것과 아쉽고 소중 한 것까지 모두 올려놓는다. ❼ 아픔은 내가 원하는 것을 갖지 못하는 데서 온다. 자유 로워지기 위해 소중한 것까지 모두 내려놓는다. ❽ 내가 한결 가벼워지고, 그것이 자유임을 느낀다. ❾ 지금의 느낌과 생각을 간직한다. ❿ 멀리 나무와 하늘, 곧 사라질 구름을 바라본다.	◆ 쾌적한 숲에서 휴식 과 비움으로 마음이 편 안해진다. ◆ 나무 꼭대기와 어우 러진 하늘을 보며 자유 를 느낀다. ◆ 삶의 고마움을 생각 한다.

숲 소리 명상

10

산림치유에서 청각 체험은 보통 '숲 소리 명상'이라는 이름으로 진행합니다. 시각은 인간 감각의 80% 이상을 담당하기 때문에, 시각을 차단하면 촉각이나 청각이 살아납니다. 소리를 이용한 명상이나 체험으로 일상의 '낯설게 하기' '새롭게 하기'가 가능하다면, 이런 프로그램의 가치는 창조 그 자체라고 할 수 있습니다.

눈을 감거나 눈가리개로 시각을 차단한 상태는 오로지 소리에 집중하고 소리만 느끼게 한다는 점에서 몰입과 치유에 효과적입니다. 눈을 감거나 뜰 때의 느낌을 비교하고 나눌 수도 있습니다. 소리 듣기에 이어서 찾아오는 상상이나 느낌도 명상이 될 수 있습니다. 소리의 색, 소리의 움직임, 소리의 달콤함, 소리의 모양 등 공감각적 느낌이 몰입과 자신에게 침잠하는 것을 가능하게 하기 때문입니다.

숲의 소리는 생명의 소리, 살아 있는 소리입니다. 생명의 소리와 만났다는 사실은 그 자체로 존재의 신비입니다. 내가 존재의 소리와 만난 인연과 함께 소리의 의미, 소리의 간절함, 살아 있음과 생명의 의미에 대해 생각하면서 마음의 치유에 접근할 수 있습니다. 그 소리가 내가 사는 세상이 얼마나 아름다운지, 맑은 미물의 세상에 내가 존재한다는 사실이 얼마나 경이로운지 깨닫게 할 겁니다. 동시에 자연의 소리와 문명의 소리가 인간의 건강에 어떻게 영향을 미치는지 깨달아, 우리의 자연 치유력이 향상하는 계기가 될 겁니다.

나다 요가 수련 명상

'나다 요가Nāda yoga 수련 명상'은 만트라 요가의 한 종류로, 진동을 넘어 배경이 되는 궁극의 소리를 인식하는 것이 목표입니다. 몸과 마음의 충분한 이완이 필수이므로 모든 것이 흐르도록 둬야 합니다. 다소 어려운 부분이 있어 산림치유 프로그램을 몇 차례 진행한 참가자에게 적합합니다.

진행 방법	치유 효과
❶ 숲의 한적하고 편안한 곳에 자리 잡는다. ❷ 양손 엄지로 귀를 막는다. ❸ 숨을 깊이 들이쉬고 뱉을 동안 콧소리를 만들되, 그 소리가 머리에 울리게 한다. ❹ 소리 진동에 마음이 전적으로 울릴 수 있도록 마음을 그 소리에 집중한다. ❺ 콧소리를 멈추고 그 상태에서 울리는 미세한 소리를 들으려고 노력한다. ❻ 그 뒤에 있는 다른 소리에 집중할 수 있도록, 첫 번째 주도적 소리가 떨어져 나가게 한다.	◆ 집중의 치유 효과가 있다. ◆ 마음이 편안해진다.

❼ 현재 주도적 소리 배경의 다른 소리가 들린다. ❽ 이런 과정을 반복하면서 자각을 새로운 소리에 맞춰나간다. ❾ 새로운 소리가 모든 관심을 지배하도록 한다. ❿ 서서히 외부 세계로 돌아온다. ⓫ 호흡을 가다듬는다.	

숲 소리 바라보기와 숲 소리 따라가기

'숲 소리 바라보기'는 소리의 실체를 바라보고 더 실감 나게 인식하기 위함이고, '숲 소리 따라가기'는 소리를 하나하나 분리해 바라보기 위함입니다. 이 체험으로 소리를 이해하고, 소리로 마음을 정화하는 방법을 알 수 있습니다.

종류	진행 방법	치유 효과
숲 소리 바라보기	❶ 물가나 새소리가 많이 들리는 곳에 자리 잡는다. ❷ 바른 자세로 앉고, 호흡을 편하게 한다. ❸ 양손으로 귓바퀴를 당겨 귀를 막고 천천히 숨을 쉰다. ❹ 눈을 감고 2~3분 소리에 집중한다. ❺ 눈을 감은 채 막았던 귀를 열고 소리를 듣는다. ❻ 눈을 뜨고 소리를 듣는다. ❼ 몇 차례 반복하고 그 느낌을 간직한다.	◆ 숲의 소리로 삶을 확인한다. ◆ 숲에 사는 생명의 맑은 진동으로 정화됨을 느낀다. ◆ 숲에 사는 생명과 함께 하는 삶이 건강하고 고마운 삶임을 아는 계기가 된다.

숲 소 리 따 라 가 기	❶ 편안한 곳에 앉아 눈을 감고 자연의 소리에 집중한다. ❷ 나를 중심으로 가까운 소리를 따라가다가 점점 먼 곳의 소리를 따라간다. ❸ 마음에 그 소리의 모양을 이어서 지도로 그려 본다. ❹ 마음에 새긴 지도의 형태를 떠올리고, 소리도 떠올린다.	◆ 생명이나 존재에 대한 성찰이 가능하다.

차 마시기와 나누기
─ 나와 세상, 사랑과 감사의 삶

차 마시기

1

오늘을 명상으로 정리하고 따뜻한 차와 함께 치유를 나누는 시간입니다. 차는 나무와 그들을 키운 바람, 물, 흙이며 그 자체로 우주입니다. 차는 자신의 모든 것을 그윽하게 우려내면서 만물의 소중함과 생명에 대한 사랑과 경이로움이 치유의 본모습임을 이야기합니다. 무른 흙을 치대고 짓이겨 뜨거운 가마에서 담금질한 결정인 찻잔, 그 안에 우주가 있습니다. 차 한 잔으로 마음이 따뜻해지는 건 어쩌면 그 때문인지도 모르겠습니다. 문득 내 생이 치댐과 짓이겨짐으로 만들어진 찻잔이어도, 그 안에 우주를 품은 차 한 잔이어도 좋겠다는 생각이 듭니다. 누구에겐가 차 한 잔 같은 사람이 되고 싶습니다.

칡 잎 만다라

만다라 찻잔 받침

칡 잎으로 만든 만다라를 찻잔 받침으로 쓰고,
떨어진 칡꽃을 차에 띄우면 달큼한 맛이 나기도 합니다.

계수나무 단풍잎도
달콤한 향기를 풍기는
훌륭한 찻잔 받침이 된다.

여러 가지 나뭇잎 찻잔 받침

계수나무 숲에서 솜사탕 향이 나는
계수나무 잎을 찻잔 받침으로!
이런 차 마셔본 적 있나요?
계수나무 숲에서 가을이 준 최고의 향기,
치유가 절로 따라옵니다.

내 따뜻한 찻잔을 받쳐주듯, 벌레 먹은 나뭇잎이 이 세상을 받쳐줍니다. 할 일 다하고 떨어진 꽃, 익지 못하고 떨어진 쭉정이 씨앗, 거친 손에 잘린 슬픈 잎을 모아 찻상을 꾸몄습니다. 보는 이가 "아, 예쁘다!" 말합니다. 이는 사람이 한 말이 아닙니다. 떨어진 꽃이, 익지 못하고 떨어진 물푸레나무 씨앗이, 함부로 꺾인 으름덩굴 잎이 사람의 입을 빌려 토해내는 말입니다.

이들이 기쁨으로 다시 태어나니 우리가 치유하는 것은 사람만이 아닙니다. 산 것만도 아닙니다. 사람과 뭇 생명, 산 것과 죽은 것을 모두 어루만지면서 따뜻해진 우리 숨이 세상의 숨을 따뜻하게 하고, 그렇게 우리의 치유는 완성될 것입니다. 오늘의 시간이 아름다운 기억으로 남아 우리 삶에서 평화롭고 명료하게, 오랜 기간 마음의 치유로 작용할 것입니다.

갓 떨어진 철쭉꽃은 아까울 정도로 예쁩니다.
누군가 생각 없이 뜯어 던진 으름덩굴 잎은 안쓰럽습니다.
익지 못한 채 떨어진 물푸레나무 씨앗이 붙어 있는 씨앗보다 많습니다.
'누군가 잘 익기 위해서는 이렇게 많은 희생이 필요하구나'
생각합니다. 예쁘고 안쓰럽고 훌륭하고 선한 것이
오늘 우리 찻상의 주인입니다.

으름덩굴 잎과 물푸레나무 씨앗

나누기

2

가슴에 감동이 가득합니다. 나눌 때 감동은 배가 됩니다. 오늘의 숲이 아플 때나 기쁠 때나 외로울 때, 언제나 함께 나누고 싶은 곳이 되기를 바라며 편안한 마음으로 나누기를 합니다.

나의 '행복 노래' 부르기

아유르베다에서는 내가 만드는 소리를 내가 듣는 데 커다란 치유의 힘이 있다고 말합니다. 이는 만트라를 암송하는 이유이기도 합니다. 자연스럽게 노래를 유도해서 자기가 부르는 노래를 자신이 들을 수 있도록 진행합니다. 늘 웃고, 상대를 박수로 격려하는 행동은 혈액 순환을 자극하고 체온을 올려 면역력을 높입니다. 그 자체로 부교감신경 반사 현상이기도 합니다. 부교감신경 반사는 편안한 마음과 기쁨으로 이어지고, 자기뿐 아니라 모두를 사랑하는 마음으로 나를 이끕니다. 부교감신경 반사가 내 몸의 자연 치유력을 만드는 겁니다. 완벽함보다 추구하는 마음, 감사하는 마음으로 사는 게 행복입니다.

진행 방법	치유 효과
❶ 나태주 님의 시 '풀꽃'을 들려준다. ❷ 나태주 님의 시 '행복'을 들려준다. ❸ 이 가운데 몇 가지 행복이 나에게 해당하는지, 말하고 싶은 대로 돌아가며 이야기한다. ❹ 한 가지라도 행복에 해당하지 않는 경우 그 이유를 들어본다. ❺ 대다수 사람은 모두 해당한다고 말한다. 이때 혼자 부르는 노래가 무엇인지 묻는다. ❻ 혼자 부르는 노래를 말하면 돌아가면서 그 노래를 청해 듣는다. ❼ 노래가 끝날 때마다 손뼉을 친다.	◆ 노래 부르며 카타르시스를 느낀다. ◆ 서로 이해하는 계기가 된다. ◆ 주의 사항 : 무리하게 시키면 부담되므로 주의한다.

추억 불러오기 보드게임

　지난 기억을 추억이라고 할 때, 좋든 나쁘든 추억이 없는 사람은 아무도 없을 것입니다. 남에게 이야기하고 싶은 추억도, 외면하고 싶은 기억도 있을 테지요. 어떤 결과로 나타나든 '추억 불러오기 보드게임'을 통해 자신을 돌아볼 수 있습니다. 다른 이의 기억에 자신의 기억이나 의미를 보태기도 합니다. 모두 함께 하는 나의 존재 의미를 깨닫고, 나와 네가 다르지 않은 존재라고 연민하는 체험이 될 겁니다.

뒤집으면 미션이 적힌
나무 찻잔 받침

미션이 적힌 보자기를
보드게임 판으로 사용한다.

진행 방법	치유 효과
❶ 찻상에 둘러앉는다. ❷ 추억 불러오기 보드게임판을 펼친다. ❸ 순서대로 주사위를 던지고, 주사위 숫자대로 말을 옮기고, 해당 미션에 대해 이야기한다. ❹ 진행자는 참가자들의 말을 정리해 다시 들려줘서 자기 이야기를 논리적으로 말하고 긍정적으로 소화할 수 있도록 도와준다. ❺ 전체가 돌아가며 이야기를 나눈다. ❻ 이야기를 마칠 때마다 손뼉을 치며 격려한다. * 야외에서 돗자리를 깔고 해도 좋다. * 과제의 수준을 낮춰 실시해도 된다.	◆ 혈액순환에 도움이 된다. ◆ 가벼운 스트레칭 효과가 있다. ◆ 회상에 따른 인지 자극 효과가 있다. ◆ 주의 사항 : 이야기하기 싫어하거나 어려워할 때는 억지로 시키지 않는다.

스스로 하는 건강진단

우리는 지금까지 내가 세상에 존재하는 것이 하늘이 허락했기 때문임을 잘 알면서도 죽음을 생각하지 않습니다. 죽음이 내게도 해당한다고 생각하며 사는 사람은 흔치 않습니다. 때로 이것이 자신의 건강을 체크하지 않는 이유이기도 합니다. 짧은 시간에 쉽게 자신의 건강을 돌아보도록 하는 것은 치유 프로그램 진행에서 중요한 일입니다.

진행 방법	치유 효과
❶ 편안하게 둘러앉는다. ❷ 건강과 습관의 중요성에 관해 이야기 나눈다. ❸ '10가지 자가 건강진단 체크리스트'를 읽어주고, 나에게 해당할 때마다 손가락을 꼽도록 한다. 　◦ 아침에 가뿐히 일어난다. 　◦ 밥을 천천히 먹는다. 　◦ 걷는 게 즐겁다. 　◦ 운동을 규칙적으로 한다. 　◦ 피로감을 잘 못 느낀다. 　◦ 성질이 느긋한 편이다. 　◦ 마음 상태가 밝고 긍정적이다. 　◦ 달, 별, 낙조를 자주 본다. 　◦ 명상이나 사색을 자주 한다. 　◦ 대상이 뭐든 지금 사랑에 빠져 있다. ❹ 몇 가지가 나에게 해당하는지 묻는다. ❺ 7가지 이상에 해당하면 좋고, 5가지일 때는 노력해야 하고, 4가지 미만일 때는 나쁜 습관을 바꿔야 한다. 이때 상처 받지 않도록 신중하고 부드럽게 말한다. ❻ 그 이유를 들어보고 나쁜 습관을 고칠 방법을 제안해도 좋다.	◆ 자신을 돌아보고, 나쁜 습관을 개선할 필요를 느낀다. ◆ 이야기하면서 남과 다른 나를 알게 되고, 스스로 답을 찾을 수 있다.

나는 나를 사랑하는가?

지나친 양보와 배려는 늘 칭찬받을 일이 아니라, 가스라이팅을 통한 조건화나 나를 사랑하지 않는 결과일 수 있습니다. 봉사가 필요하지만, 봉사 활동으로 내가 아파선 안 됩니다. 자신을 객관화해서 들여다보는 게 필요합니다.

진행 방법	치유 효과
❶ 편안하게 둘러앉는다. ❷ 건강과 일상 습관의 중요성에 대해 말한다. ❸ 다음을 읽어주고, 나에게 몇 가지가 해당하는지 꼽도록 한다. 　◦ 끊임없이 나를 비판한다. 　◦ 음식과 술, 약물로 몸을 함부로 대한다. 　◦ 나는 사랑받을 가치가 없는 존재라고 생각한다. 　◦ 내가 베푼 서비스의 대가를 요구하지 못한다. 　◦ 몸에 질병과 고통을 만든다. 　◦ 내게 도움이 되는 일도 꾸물거리면서 미룬다. 　◦ 혼란과 무질서 속에 산다. 　◦ 빚을 만들고, 빚이 큰 짐이 되게 한다. 　◦ 나를 하찮게 여기는 연인을 만난다. ❹ 몇 가지가 나에게 해당하는지, 어떻게 하는 게 좋을지 조언을 나눈다. ❺ 그 이유를 들어보고 나쁜 습관을 고칠 방법을 제안해도 좋다.	◆ 자신을 돌아보는 계기가 된다. ◆ 이야기 나누는 중에 스스로 답을 찾을 수 있다.

둥글게 손잡고 마음 나누기

처음 시작할 때나 다소 무리한 운동을 한 뒤 헤어지는 시간에 진행하기 좋은 프로그램입니다. 손잡아 유대를 확인하고, 촉감 치유 효과가 있습니다.

진행 방법	치유 효과
❶ 둘러서거나 앉는다. ❷ 오른 손바닥은 하늘로 향하고, 왼 손바닥은 땅을 바라보게 한 상태에서 옆 사람과 손을 잡는다. ❸ 눈을 감고 손의 신호가 돌아오기를 집중하면서 숲의 소리, 냄새 등에 집중한다. ❹ 진행자가 오른쪽으로 '다섯 번(사랑합니다-감사합니다)이나 세 번(사랑해-고마워) 누르기'를 하며 신호를 보낸다. ❺ 모두 돌아가면서 왼손으로 신호를 받고 오른손으로 보낸다. ❻ 신호의 숫자가 잘 돌아오지 않았으면 진행자는 다시 설명한 뒤 반복한다.	◆ 친밀감과 유대감을 확장한다. ◆ 눈을 감고 진행하므로 시작할 때는 숲과 자신에 집중하고, 마칠 때는 자신을 정리할 수 있다. ◆ 주의 사항 : 조용히 진행해야 집중에 도움이 된다.

다 함께 만드는 추억 시

많은 사람이 글쓰기를 어려워합니다. 그러나 숲이나 마음을 그대로 그리는 일이 글이 되고 시가 되기에, 숲에서 글쓰기는 특별한 의미가 있습니다. 내 안에 숲이나 생명에 대한 감동이 있기 때문입니다. '다 함께 만드는 추억 시'를 통해 여러 사람이 만든 문장이 괜찮은 시가 되는 걸 알 수 있습니다. 같은 공간에서 같은 활동을 한 결과, 서로 비슷한 생각을 하기 때문일 겁니다. 동질감과 유대감도 듭니다.

진행 방법	치유 효과
❶ 둘러앉아 4~5명씩 팀을 나눈다. 모두 한 팀이 돼서 긴 글을 써도 좋다. ❷ 오늘의 치유에서 가장 마음에 남는 주제를 이야기하고 선택한다. ❸ 풍경, 소리, 향기, 벌레, 느낌 등 뭐든 소재가 될 수 있다. ❹ 정해진 주제를 선택해 인도자나 참가자 중 한 명이 먼저 쓴다. ❺ 먼저 쓰는 사람은 내키는 대로 두 문장을 쓰고, 종이를 접어 한 문장만 보여준다. ❻ 뒤따라 쓰는 사람에게 계속 한 문장만 보여주면서 이어간다. ❼ 리더나 누군가 전체 문장을 읽는다. ❽ 박수로 마무리한다.	◆ 공감을 위해 어떻게 해야 할지 알 수 있다. ◆ 모든 사람의 마음을 들여다보며 이해심이 생긴다. ◆ 주의 사항 : 글쓰기에 방해되지 않도록 조용히 진행한다.

스트레스 관리 십계명

스트레스가 없는 삶은 죽은 삶입니다. 스트레스를 느끼는 정도와 행복감이 반드시 비례하진 않는다고 합니다. 스트레스를 많이 받아도 행복한 경우가 있고, 외면상 평온하게 보여도 스트레스가 많을 수 있습니다.

스트레스를 많이 받아도 행복한 경우는 대부분 스트레스를 삶의 도전이라 생각하고 노력해서 극복할 수 있다는 신념을 가진 사람들에게 나타납니다. 외면상 평온하게 보여도 스트레스가 많은 경우가 문제입니다. 이런 사람은 무기력과 절망감에 빠져, 자신이 스트레스에 빠진 상태임을 모르는 경우가 많습니다.

스트레스는 누구에게나 있고, 적당한 스트레스는 생활의 활력이 됩니다. 자신의 스트레스를 알고, 이를 치유하기가 어렵지 않다는 걸 아는 게 무엇보다 중요합니다. 스트레스 관리를 위한 10가지 방법을 알려주고, 숲에서 하는 활동이 스트레스를 많은 부분 치유할 수 있다는 걸 환기할 필요가 있습니다.

진행 방법	치유 효과
❶ 둘러앉는다. ❷ 평소 내 스트레스는 뭔지 돌아가며 이야기한다. ❸ 다음 10가지 스트레스 관리 방법을 들려준다. 　◦ 운동 　◦ 자연 접하기 　◦ 잘 자기 　◦ 긍정적으로 생각하기 　◦ 나와 타인 칭찬하기 　◦ 거울 보고 웃기 　◦ 져주기 　◦ 취미 갖기 　◦ 배 채울 만큼 먹기 　◦ 좋은 일 기억하며 잠들기 ❹ 펼치기 2에 나온 '쓰담쓰담 두드림' 같은 내 몸 사랑하기 체조를 한다. ❺ 잠깐 눈을 감았다가 마무리한다. ＊ 우리나라는 어디든 숲이 가까이 있다. 숲을 찾는 데는 돈이 들지 않는다. 스트레스 관리를 위해 숲을 활용하라고 말한다.	◆ 스트레스를 관리하고 내 건강을 지키기가 어려운 일이 아님을 알 수 있다. ◆ 내 스트레스를 바라보고 생활 속에서 관리하는 방법을 알게 된다.

맺는말

지지난해와 지난해, 코로나19라는 바이러스로 참 많은 걸 잃었다고 합니다. 그러나 갑작스럽고 낯선 상황일 뿐이라고 생각한다면 잃었다기보다 바뀐 게 맞는 말이 아닐까 싶습니다. 돌아가려고 애쓰기보다 변화에 따라 사는 것이 맞다는 생각이 듭니다.

코로나19가 기승을 부리는 동안, 자가 격리하듯 생각과 생각을 만드는 마음에 대해 공부하며 칩거했습니다. 사람들과 만나는 횟수를 줄이는 대신 많은 걸 얻었습니다. 공부하는 과정에는 머리와 많은 이야기를 한 기분이었고, 이번에 글쓰기에 집중하면서는 가슴과 오랫동안 이야기한 기분이 듭니다. 그 시간이 모두 좋았습니다. 결과가 행복감으로 끝났으니까요. 모두 이어진 하나이기 때문인가 봅니다.

언젠가 하천 정화 작업으로 주먹만 한 황토 공을 하천에 던진 적이 있습니다. 'EM 흙 공 던지기'인데, 그때 흙 공 몇 개가 거대한 물줄기에 든 유해 미생물을 깨끗하게 없앨 수 있을까 생각했습니다. 그런데 그게 된다고 합니다. 물속 세상에는 유해 미생물과 유용 미생물이 있습니다. 미생물은 대부분 유해도 유용도 아닌 중간 상태랍니다. 이 중간 상태 미생물은 자기 자리를 지키다가 세가 강해 보이는 미생물 쪽으로 색을 바꾼다고 합니다. 그러니까 턱없이 부족해 보이는 흙 공이 유해 미생물과 유용 미생물의 균형을 깨뜨리고, 하천의 물을 유용 미생물 쪽으로 틀게 해서 물 전체에 변화가 온다는 겁니다.

사람이 사는 물도 이와 비슷한 것 같습니다. 이도 저도 아닌 중간 사람들이 세가 강한 쪽으로 가서 그 색이 되지요. 나도 그랬을 겁니다. 이런 현상은 사회심리학에서 '사회적 동조'라고 할 만큼 일반적입니다. 당연하지요, 살아남아야 뭐라도 할 수 있으니까요. 주장이 강한 쪽, 누군가를 아프게 하는 쪽은 대부분 목소리가 큽니다. 그러다 보니 목소리가 작은 쪽이 죄 없이 아플 때가 많습니다. 문제는 중간입니다. 기준 없이 단지 목소리가 큰 쪽이 옳다고 생각하고, 목소리 큰 쪽의 세를 보태기 때문입니다.

우리 사는 곳의 물을 목소리가 큰 쪽이 끌고 간다면, 이는 조르바의 표현대로 "악마 대장 때문이 아니라 반거충이 악마 때문"입니다. 이것이 흙 공 하나를 하천에 던지고, 촛불 하나라도 밝히는 일의 가치입니다. 아주 작은 하나에서 거대한 숲이 만들어졌듯이 말입니다.

우리가 사는 세상이 사람과 뭇 생명, 힘없는 이와 약한 이, 산 것과 죽은 것을 모두 어루만지는 세상이 되면 좋겠습니다. 그렇게 따뜻해진 우리의 숨이 세상의 숨을 따뜻하게 하면서 우리 사회가 치유되면 좋겠습니다. 내 글이 주먹만 한 흙 공 하나, 촛불 하나와 같은 작은 빛, 숲을 이루는 작은 하나가 될 수 있다면 좋겠습니다.

아유르베다
이론에 근거한

최정순의
산림치유 지도
매뉴얼

펴낸날 | 초판 1쇄 2022년 4월 5일

지은이 | 최정순
만들어 펴낸이 | 정우진 강진영 김지영
꾸민이 | 홍시 happyfish70@hanmail.net
펴낸곳 | 서울 마포구 토정로 222 한국출판콘텐츠센터 420호 도서출판 황소걸음
편집부 | 02-3272-8863
영업부 | 02-3272-8865
팩스 | 02-717-7725
이메일 | bullsbook@hanmail.net
등록 | 제22-243호(2000년 9월 18일)

ISBN | 979-11-86821-70-1 93180
© 최정순 2022